Claudia Redeker

MEIN LANGER WEG ZUR FRAU

… endlich so leben, wie es meine Seele schon immer verlangte

AF176692

Claudia Redeker, geboren 1953 in einer Ostwestfälischen Kleinstadt, fühlte sich bereits in der frühen Jugend nicht wohl in der Rolle
als Bub. Nach dem Studium Umzug in die Nähe Münchens und die
Entscheidung ein normales Leben als Mann zu führen, Familiengrün-
dung, drei Kinder. Im Alter von 45 eine Lebenskrise mit Psychotherapie, dabei festigte sich das Bewusstsein der Transidentität. Nach der
Entfernung eines Tumors das Outing als Transgender und der Beginn
der Transition um als Frau endlich glücklich zu leben. Sie setzt sich
heute für ein positives Image von Trans*Personen in der Öffentlichkeit ein, wobei die Idee für dieses Buch entstand.

Claudia Redeker

MEIN LANGER WEG ZUR FRAU

… endlich so leben, wie es meine Seele schon immer verlangte

Impressum

Bibliografische Information der Deutschen Nationalbibliothek:
Die Deutsche Nationalbibliothek verzeichnet diese Publikation in der
Deutschen Nationalbibliografie; detaillierte bibliografische Daten sind im
Internet über http://dnb.dnb.de abrufbar.

© 2023 Claudia Redeker

Cover Design: Laura Anja Redeker

Herstellung und Verlag: BoD – Books on Demand, Norderstedt

ISBN: 9783751996723

2. Auflage (Korrekturen und Ergänzungen)

Mit diesem Buch möchte ich mich bei allen Menschen bedanken, die mich auf meinem Weg so lieb begleitet haben und mir dabei mit ihrem Verständnis Mut gemacht haben, meinen Weg konsequent weiter zu gehen. Aber ich möchte mich auch für das Leid entschuldigen, welches auf meinem langen Weg entstanden ist.

Inhaltsverzeichnis

I

Prolog

Das Leben ist nicht immer einfach, besonders wenn man sich in der falschen Rolle fühlt und mit niemanden darüber reden kann. Es war ein langer leidvoller Weg, bis ich endlich meine wahre Identität fand und in der richtigen Rolle ankam. Heute kann ich endlich so leben, wie es meine Seele schon immer verlangte.

Mein Weg und meine Ziele

In diesem Buch erzähle ich in vielen Kurzgeschichten über meine Erlebnisse auf meinem langen Weg zur Frau. Wann und wo begann mein Weg und was waren die wahren Ziele? Mir war es nie wirklich bewusst. Es war ein zielloses Herumirren auf der Suche nach meiner wahren Identität. Erst in einer lebensbedrohenden Krise erkannte ich mein Ziel: ein Leben als Frau, denn nur dies konnte zu Glück und Gesundheit führen.

Mein Weg war oft nicht einfach, denn Menschen, die nicht dem überkommenen binären Geschlechtersystem entsprechen, werden viele Steine in den Weg gelegt.

Heute habe ich mein wesentliches Ziel erreicht und mein Leben hat sich zum Positiven gewendet. Körper und Seele befinden sich heute weitgehend in Harmonie. Endlich fühle ich mich glücklich und muss keine Angst mehr vor Diskriminierungen und Einsamkeit haben.

Das neu gewonnene Glück

Früher, vor meinem Coming-out, war ich ein verschlossener Mensch. Ich hatte Angst, dass meine Gefühle falsch verstanden werden und ich alles verlieren könnte. Heute aber muss ich keine Geheimnisse mehr haben. Im Gegenteil, ich freue mich, wenn andere Menschen an meinem neu gewonnenen Glück teilhaben.

Mit meiner Geschichte Mut machen

Ich möchte Menschen, die sich in vergleichbaren Situationen befinden, mit meiner Geschichte Mut machen, so dass auch sie ihren Weg zum Glück finden. Mein Buch soll des Weiteren helfen zu verstehen, warum es Menschen gibt, die nicht in das überkommene binäre Geschlechtersystem passen und wie ihnen Verständnis entgegengebracht werden kann.

Kein einfaches Thema

Die Transidentität ist zweifellos kein einfaches Thema. Mit meinem heutigen Wissen wäre auf meinem Weg einiges besser und vor allem mit weniger Leid verlaufen. Ich versuche deshalb mit diesem Buch auch so weit wie möglich die Zusammenhänge, Begriffe und Fachausdrücke zu erklären.

Ich wünsche meinen Leserinnen und Lesern viel Freude.

Claudia Redeker
Februar 2023

Der Weg zur Frau

Die Grafik zeigt die typischen Schritte von Mann-zu-Frau Transgendern auf ihrem Weg zu einem glücklichen und zufriedenen Leben.

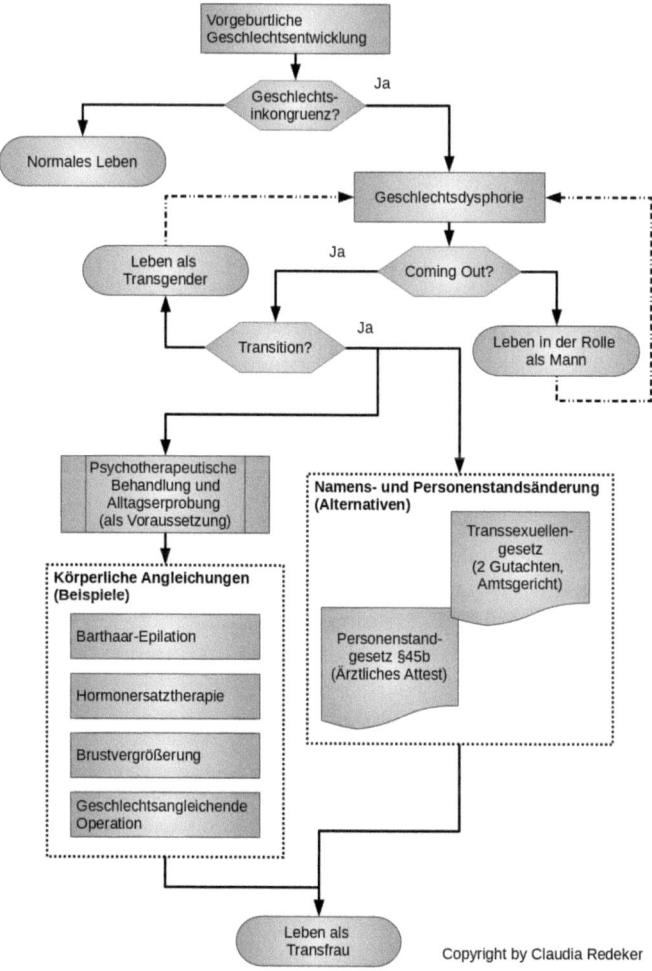

Copyright by Claudia Redeker

Erläuterungen (siehe auch „Wissenswertes" und „Glossar"):

Geschlechtsinkongruenz

Betroffene fühlen oft schon bereits in ihrer frühen Jugend eine Geschlechtsinkongruenz[1], was als „Geboren im falschen Körper" empfunden wird.

Geschlechtsdysphorie

Je nach Stärke der hierdurch hervor gerufenen Geschlechtsdysphorie[2] kommt es zum **Coming-out**. Die Betroffenen verheimlichen nicht länger ihren Wunsch im gefühlten Geschlecht leben zu wollen.

Transition?

Je nach Leidensdruck entschließen sie sich früher oder später zur Transition, also um sich körperlich und rechtlich dem gefühlten und gewünschten Geschlecht anzugleichen. Viele Betroffene scheuen jedoch den hindernisreichen Weg und leben nur zeitweise in der Rolle des gefühlten Geschlechts. Ein nicht unwesentlicher Grund dafür sind überkommene gesellschaftliche Konventionen, nicht mehr zeitgemäße Gesetze und unflexible Behandlungsrichtlinien. Betroffene werden so in der Wahrnehmung des Menschenrechts auf Selbstbestimmung behindert. Dazu die folgenden Beispiele:

- Das mittlerweile über 40 Jahre alte Transsexuellen-Gesetz (TSG) verlangt zur rechtlichen Anpassung des Personenstands kostspielige und diskriminierende Gutachten sowie ein gerichtliches Verfahren, was die Betroffenen zusätzlich belastet.
- Es wird vor körperlichen Angleichungen eine psychotherapeutische Behandlung verlangt. Auch wenn vor derart un-

---

1 Ein hormonelles Ungleichgewicht während der Embryonalentwicklung kann dazu beitragen, dass ein Mensch transsexuell geboren wird. Also wenn sich die Sexualhormone zwischen der frühen Entwicklungsphase der Genitalien und der späteren Entwicklungsphase des Gehirns unterscheiden.

2 Geschlechtsdysphorie ist der Begriff der Medizin, der den Leidensdruck der Betroffenen beschreibt. Harry Benjamin schrieb 1966: "Es gibt wohl kaum eine Person, die so andauernd unglücklich ist wie transsexuelle Menschen vor dem Geschlechtswechsel. … Die empfundene Geschlechts-Disharmonie… macht sie zu ewigen Kandidaten für Selbstverstümmelung, Selbstmord oder deren Versuche."

umkehrbaren Eingriffen eine ausreichende Prüfung unabding-
bar ist, so darf den Betroffenen keine psychische Störung unter-
stellt werden.
- Eine Alltagserprobung[3] erweist sich besonders im Arbeitsum-
feld als problematisch. Den Betroffenen werden in dieser Situation körperliche und rechtliche Anpassungen verwehrt, aber sie
sollen sich trotz schlechtem Passing in der neuen Rolle bewäh-
ren. Viele Betroffene weichen den dadurch bedingten potenziellen Diskriminierungen aus, was häufig zur Arbeitslosigkeit
und anderen Problemen führt.

Dabei helfen keine psychotherapeutischen Behandlungen oder Gutachten, sondern es sind moderne Gesetze erforderlich, welche das
Grundrecht auf Selbstbestimmung gewährleisten.

Geschlechtsumwandlung?

Der in diesem Zusammenhang oft verwendete Begriff „Geschlechtsumwandlung" ist falsch und irreführend. Der von der Natur
geschaffene Körper kann nicht „umgewandelt", sondern nur den seelischen Bedürfnissen entsprechend angeglichen werden. Eine Transfrau wird niemals vollständig so wie eine biologische Frau sein. Trotz
aller medizinischen und chirurgischen Fortschritte werden körperliche Angleichungen stets ein mehr oder weniger großer Kompromiss
bleiben. Aber ist das wirklich immer wichtig?

Das entscheidende ist ein zufriedenes Leben ohne Leiden, welches
oft auf einem kürzeren Weg erreicht werden kann.

---

3   Der Begriff „Alltagserprobung" stammt aus den Behandlungsstandards, welche
     vor medizinischen Geschlechtsangleichungen ein Leben im gewünschten Ge-
     schlecht unter psychotherapeutischer Begleitung fordern.

Mein Weg zur Frau

Angst vor dem Coming-out

Ich spürte meine Geschlechtsinkongruenz ebenfalls bereits in meiner frühen Jugend und hatte Angst vor den Folgen eines Coming-out. Erst nach jahrelangen Leiden, einer Psychotherapie und lebensbedrohenden Erfahrungen entschloss ich mich zum Coming-out sowie etwas später zu meiner Transition.

Es war mir zunächst verwehrt

Der Weg körperlicher Angleichungen mittels einer Hormonersatztherapie (HET) war mir zunächst aufgrund einer Kontraindikation verwehrt. Ich wünschte mir jedoch sehnlichst ein weiblicheres Erscheinungsbild, so dass ich mich einer Operation zur Brustvergrößerung unterzog.

Erst nachdem die Kontraindikation nicht mehr weiterbestand, stand auch der HET nichts mehr im Wege. Für weitere körperliche Angleichungen stellt sich mir die Frage, ob sie mich wirklich glücklicher und zufriedener machen würden und welches gesundheitliche Risiko sie bedeuten.

Ohne Diskriminierung zum neuen Namen

Meine problemlose Namens- und Personenstandänderung verdanke ich dem kurz zuvor geänderten Personenstandgesetz und meinen verständnisvollen Ärzten, so dass mir der langwierige, kostspielige und diskriminierende Weg über das TSG erspart blieb.

Endlich so leben, wie es meine Seele schon immer verlangte

Mein lebenslanger Traum ist Wirklichkeit geworden. Ich werde als Frau akzeptiert und respektiert. Ich bin heute glücklich. Heute kann ich endlich so leben, wie es meine Seele schon immer verlangte.

In den folgenden Kurzgeschichten erzähle ich von den Erlebnissen auf meinem langen Weg zur Frau. Meine Geschichte zeigt vor allem, dass es nicht nur einen einzigen Weg geben kann. Betroffene haben unterschiedliche Vorgeschichten und Bedürfnisse und somit ein Recht auf einen selbstbestimmten individuellen Weg.

Meine Transition-Timeline

1953	Geburt, schon bald das Gefühl anders zu sein
1981	Entscheidung ein normales Leben zu führen
1998	Lebenskrise, Bewusstsein der Transidentität
1998 - 2001	Psychotherapie
Sept. 2015	Erstes Mal in der Öffentlichkeit en femme
Juli 2017	Erstes Coming-out
Okt. 2017	Tumor-Operation
Nov. 2017	Entscheidung zur Transition
Nov. 2018	Coming-out im Beruf, Arbeiten en femme
Mai 2019	Meine Bewährungsprobe
Juni 2019	Namens- und Personenstandsänderung
Juni 2019	Antrag auf geschlechtsangleichende Maßnahmen
Okt. 2019	Operation zur Brustvergrößerung
Febr. 2020	Laserepilation
Febr. 2020	Beginn der Hormonersatztherapie
Mai 2020	Idee, dieses Buch zu schreiben

Es war mir in die Wiege gelegt

Bereits in meiner frühesten Kindheit war ich irgendwie anders. Es ist schwer zu sagen, ob sich meine Mutter ein Mädchen gewünscht hatte, oder ob es ein Zeichen meines Körpers war.

Ein Foto aus dieser Zeit zeigt, dass ich als Kleinkind schöne lange lockige Haare hatte, wirklich wie ein süßes Mädel. Meine Mutter erzählte mir, dass es in der Familie Proteste gab, als mir die Haare gekürzt wurden.

Soweit ich mich zurück erinnern kann, liebte ich es als Kind wie ein Mädchen zu spielen. Es hatte sicher mehrere Gründe. Einer war, dass ein älterer Junge aus der Nachbarschaft alle negativen männlichen Eigenschaften in sich vereinigte und ich keinesfalls so sein wollte.

Ich hatte aber auch das Gefühl, dass Mädchen, so wie ich es bei meinen drei Schwestern erlebte, in vielen Dingen mehr Freiheiten hatten. Ich war deshalb neidisch auf Mädchen und wäre gerne wie sie gewesen. Nie habe ich die Enttäuschung vergessen, die ich während meiner Kindergartenzeit erlebte. Vor Weihnachten wurde das Krippenspiel gespielt. Meine Lieblingsrolle wäre die des Weihnachtsengels gewesen. Ich durfte die Rolle jedoch nicht spielen, weil ich ein „Junge" war.

Ein Lieblingsspiel an das ich mich auch noch erinnern kann, war das wir Kinder uns verkleideten. Wir hatten auf dem Speicher eine Kiste mit alter Kleidung gefunden, mein Lieblingsstück war ein Kleid. Damals war es nur ein Kinderspiel, aber heute weiß ich, dass es mehr für mich bedeutete. Heute bin ich mir sicher, dass mir das Gefühl und der Wunsch ein Mädchen zu sein bereits in die Wiege gelegt war.

Lieber ein Mädchen sein?

Hinzu kam, dass ich körperlich kein „richtiger Junge" war. Im Vergleich zu meinen Mitschülern war ich schwächlich und in meiner Erscheinung wohl eher mädchenhaft. Sport war deswegen ein Horror für mich. Während der Pubertät zog ich heimlich Kleider meiner Mutter an. Ich fühlte mich darin glücklich. Ich habe damals nicht verstanden warum und schämte mich für diese Gefühle. Einmal kamen meine Eltern unerwartet früher heim und erwischten mich. Es war mir schrecklich peinlich. Mein Vater stellte die Frage, ob ich lieber ein Mädchen wäre? Ich traute mir nicht, eine ehrliche Antwort zu geben und war froh, dass nie wieder darüber gesprochen wurde.

Erste Informationen

Ich wünschte mir während der Pubertät nichts sehnlicher, als dass auch mir, also wie bei den Mädchen meines Alters, Brüste wachsen würden. Ich habe verzweifelt nach Informationen gesucht, um zu verstehen, warum ich diese Gefühle hatte. Doch das Internet gab es damals noch nicht und ich fand in Illustrierten und Büchereien lediglich Informationen über Transvestiten. Das Thema wurde meistens negativ dargestellt und nicht selten in Verbindung mit Homosexualität gebracht, was damals noch unter Strafe stand. Das alles erschrak mich. Ich empfand Abscheu an dem Gedanken und hatte Angst, damit in Verbindung gebracht zu werden. Als Folge verheimlichte ich meine Gefühle umso mehr.

Irgendwann fand ich in einer Illustrierten einen Bericht über eine Frau, welche als Mann geboren war. Es waren für mich die ersten Informationen über Transsexualität[4]. Ich war völlig aufgelöst, denn endlich wusste ich, dass ich nicht der einzige Mensch war, der sich „im falschen Körper" fühlte.

Der Wunsch, eine Frau zu sein hat mich seitdem nie mehr losgelassen. Aber ich wusste nicht, mit wem ich darüber reden könnte und vor allem hatte ich Angst, dass die Menschen um mich herum kein Verständnis hätten und mich als „krank" ansehen würden.

---

4   „Transsexualität" ist der veraltete Begriff für das Phänomen einer Inkongruenz zwischen geschlechtlicher Selbstwahrnehmung und dem zugewiesenem Geburtsgeschlecht. Das Gehirn erwartet etwas anderes als das, was der Körper spürt. Heute weiß man, dass sich unser wichtigstes Geschlechtsorgan „nicht zwischen den Beinen, sondern zwischen den Ohren" befindet.

Kein richtiger Junge

Als ich etwa 15 war, musste die Weiche für eine weiterführende Schule oder Berufsausbildung gestellt werden. Ich werde nie vergessen, wie ich mit meinem Vater auf einem Schulamt war. Der zuständige Sachbearbeiter lehnte unseren Antrag für den Besuch einer weiterführenden Schule mit der Begründung ab, dass ich erst einmal ein „richtiger Junge" werden solle.

Mein Vater enttäuschte mich zusätzlich, weil er mich nicht verteidigte und später auf mich einredete, dass ich mehr essen solle, damit aus mir endlich ein „richtiger Junge" werde.

Der „Hölle" entkommen

Ich hatte keine andere Wahl als eine ungeliebte Berufsausbildung zu beginnen. Ich hätte gerne etwas mit Fernseh- oder Elektrotechnik gelernt, aber ich fand keine passende Stelle. Eine Berufsausbildung in der metallverarbeitenden Industrie war deshalb eine Notlösung.

Ich erinnere mich noch gut daran, wie ich eines Tages in einer Schmiede, also bei unerträglicher Hitze mit schweren Werkzeugen arbeiten sollte. Um dieser „Hölle" zu entkommen, habe ich eine Krankheit simuliert, was mir überraschend gut gelang. Man ließ mich mit einem Taxi zu einem Arzt fahren. Der fand natürlich nichts, aber ich war erst einmal für einige Tage krankgeschrieben und so der „Hölle" entkommen.

Etwas später lernte ich das typisch männliche Gehabe von Kollegen zu hassen. Sie zeigten zum Beispiel stolz ihren Besitz an pornografischen Bildern, was mich jedoch mehr abstieß, als dass es mich irgendwie interessierte. Ich wollte schnellstens heraus aus diesem Umfeld.

Untauglich

Als ein wahrer Glücksfall erwies sich, dass ich wegen meines schwächlichen Körpers als untauglich für den Wehrdienst gemustert wurde. Heute denke ich, dass mich meine Untauglichkeit sicher vor psychischen Schäden bewahrt hat, denn ich bin aufgrund meiner weiblichen Psyche pazifistisch veranlagt.

Keine Uniform!

Ich schaffte nach Abschluss der Berufsausbildung den Absprung aus der Arbeitswelt und konnte endlich eine weiterführende Schule besuchen. Ich hatte so die Hochschulreife erlangt, aber ein Studium traute ich mir zunächst nicht zu.

Ein Bekannter hatte mich für die Arbeit bei der Polizei angeworben. Meine Bewerbung erfolgte jedoch völlig naiv, denn ich stellte mir vor, irgendwo im technischen Dienst arbeiten zu können. Erst später fand ich heraus, dass jede Bewerbung bei der Polizei zunächst in den normalen Polizeidienst führen würde. Eine Uniform tragen, das war das allerletzte was ich wollte.

War im falschen Film

Die Aufnahmeprüfung sollte zwei Tage lang dauern. Wir wurden in einer Jugendherberge untergebracht, so dass ich bereits am Vorabend einige der Mitbewerber kennen lernte. Ich fühlte mich wie in einem „falschen Film". Es waren fürchterlich unsympathische Typen, mit denen ich niemals wieder etwas zu tun haben wollte.

War nicht an der richtigen Stelle

Zu Beginn der Aufnahmeprüfung wurde mir bewusst, dass die Prüfungen des zweiten Tages aus Sportübungen bestehen würden. Alleine der Gedanke daran war für mich ein Horror und bestehen würde ich sie wahrscheinlich auch nicht. Aber jetzt saß ich ja bereits in der Prüfung.

Eine der ersten Prüfungsaufgaben bestand darin, dass uns in schneller Folge Autokennzeichen gezeigt wurden, wovon wir möglichst viele notieren sollten. Ich habe nicht einmal den Versuch unternommen, ein einziges aufzuschreiben. Auch bei den weiteren Prüfungsaufgaben habe ich ebenfalls keinerlei Bemühungen gezeigt. Es dauerte dann nicht lange, bis man mich ansprach: „Ich sei hier wohl nicht an der richtigen Stelle?" Ja, das war ich wirklich nicht! Ich verließ vorzeitig die Aufnahmeprüfung.

Meine Zeit als Student

Anschließend erkundigte ich mich um die Möglichkeiten für ein Studium. Ich bewarb mich an drei Hochschulen in der Nähe, denn ich wollte weiterhin im Elternhaus wohnen. Meine Wahl fiel auf eine damals neu gegründete Hochschule und den Studiengang Automatisierungstechnik.

Das Bild zeigt mich während meiner Studentenzeit. Damals trug ich meine Haare fast schulterlang, denn Haare waren schon immer ein Spiegel meiner Seele.

Ich war während des Studiums ein Einzelgänger und beteiligte mich nicht an den üblichen studentischen Aktivitäten, vor allem, weil ich bei meinen Eltern wohnte.

Seelischer Frieden

Ich schloss mich meistens in meinem Zimmer ein, um ungestört lernen zu können. Doch der wahre Grund dafür war, dass ich mich dabei als Frau kleidete. Dank des so entstehenden seelischen Friedens konnte ich mich besser auf meine Arbeit konzentrieren[5]. Das Studium verlief planmäßig und ich erreichte einen guten Abschluss.

> ➢ Mehr zum Thema siehe unter
> Wissenswertes – Gedanken zur Kleidung

Zu groß war die Angst

Nach dem Abschluss meines Studiums konnte ich zwischen mehreren Stellenangeboten wählen. Mir wurde sogar, ohne dass ich mich dafür beworben hatte, eine Stelle direkt in meiner Heimatstadt angeboten. Doch für mich war es höchste Zeit geworden, endlich aus dem Elternhaus auszuziehen.

Weit weg

Mein Ziel war es, möglichst alles hinter mir zu lassen und ich habe darüber nachgedacht, eine Stelle in Berlin anzunehmen. Berlin war damals, also lange vor der Wende, noch eine Insel und ich wusste, dass dort viele Transgender lebten. Doch ich war verunsichert, ob es mir gelingen würde ein Leben als Transgender mit einem seriösen Be-

---

5   Das Tragen gegengeschlechtlicher Kleidung führt dazu, dass sich die körperlichen Gefühle in Einklang mit den seelischen Bedürfnissen befinden, denn Kleidung ist so etwas wie eine zweite Haut.

ruf zu verbinden. Zu groß war die Angst vor Diskriminierung, Arbeitslosigkeit und sozialem Abstieg.

Meine Wahl fiel auf eine interessante Stelle in der Nähe von München. Weit weg genug von meiner Heimat kannte mich niemand, so dass ich wenigstens in meiner Freizeit en femme sein konnte. Dazu hatte ich mir im Laufe der Zeit eine Unmenge an Damenkleidung angeschafft. Immer wenn ich mich unglücklich fühlte, konnte ich mich so für eine kurze Zeit wohlfühlen. Jedoch hatte ich nicht den Mut, mich en femme in der Öffentlichkeit zu zeigen.

Ein normales Leben versuchen

Aber das heimliche Frau-sein machte mich nicht wirklich glücklich. An ein Coming-out war damals noch nicht zu denken. Ich konnte so auf Dauer nicht leben, denn ich würde immer mehr vereinsamen und die fehlenden sozialen Kontakte hätten mich krank gemacht. Glücklicherweise entdeckte ich einen alten Jugendtraum, das Fliegen wieder. Dieses Hobby lenkte mich von meinen Gefühlen ab, ich hatte neue Ziele und befand mich dabei unter Menschen.

Alles in den Müllcontainer

Als Folge dieser Erkenntnis entschloss ich mich vor allem, ein normales Leben als Mann zu versuchen. Dazu musste ich einen Schlussstrich unter mein heimliches Doppelleben ziehen und warf alle Damenkleidung in den Müllcontainer.

Etwas später fand ich eine Partnerin und die Liebe zu ihr halfen mir meine Gefühle zu unterdrücken. Auch wechselte ich meinen Beruf und zog in eine andere Stadt.

Chance verpasst

Wir gingen eines Tages auf einen Faschingsball, wozu wir uns mit befreundeten Paaren trafen. Fasching kannte ich bisher nicht wirklich, aber ich wusste, dass es normal ist, sich dabei zu verkleiden. Es war für mich die Gelegenheit als Frau aufzutreten und so die Reaktionen meiner Mitmenschen zu testen. Meine Verkleidung war ein voller Erfolg, denn ich erhielt viel Lob für meinen authentischen Auftritt als Frau.

Heute ist mir bewusst, dass ich damals die Chance verpasst habe, meine wahren Gefühle zu offenbaren. Vor allem hätte ich all die späteren Jahre nichts verheimlichen müssen und uns deshalb viel Leid erspart.

Die Probleme begannen

Wir heirateten und es dauerte nicht lange, bis unser erstes Kind unterwegs war. Damit änderte sich vieles. Unseren bis dahin gemeinsamen Tagesablauf gab es nicht mehr. Ich vertiefte mich immer mehr in meinem Beruf[6], doch während der nächtlichen Einsamkeit kamen meine alten Gefühle wieder auf. Unser zweites Kind kam zur Welt. Jetzt begannen meine Probleme erst recht und ich schaffte es nicht mehr, sie zu unterdrücken.

Heimlichkeiten

Um mich für kurze Zeit wohlzufühlen begann ich wieder Damenkleidung zu kaufen. Ich schämte mich für dieses Verlangen, kleidete mich nur heimlich als Frau und versteckte mühsam die Damenkleidung. Nicht zuletzt wegen dieser Heimlichkeiten verschlechterte sich unsere Beziehung. Es war eine wirklich schlimme Zeit.

Neue Sehnsüchte

Inzwischen war das Internet aufgekommen und es eröffneten sich neue Informationsquellen. Ernstzunehmende Informationen und Hilfen waren jedoch nicht zu finden. Und wenn etwas zu finden war, dann nur Bilder von sich prostituierenden Transsexuellen.

Mich interessierten diese Bilder nicht aus sexuellen Gründen, aber ich war fasziniert von diesen Menschen, die sich zwischen den Geschlechtern befanden. Es waren auf den ersten Blick schöne Frauen, doch es war unübersehbar, dass sie keine biologischen Frauen waren.

---

6   Es ist bekannt, dass Menschen, die unter geschlechtlicher Körperdiskrepanz leiden sich zunutze machen können, dass sie sich in Arbeit vergraben oder sich in andere Aktivitäten stürzen, um damit die Gefühle der Körperdiskrepanz zum Schweigen zu bringen. Betroffenen gelingt es zunächst relativ problemlos, dem klassischen Bild eines Mannes möglichst weitgehend zu entsprechen. Sie kämpfen jedoch stets mit inneren Zweifeln bezüglich ihrer Identität. Ihr Unbehagen in der männlichen Rolle äußert sich oft in einem Wechselspiel zwischen transvestitischen Phasen und deren Überkompensation, wobei sie alle Frauenkleider wegwerfen und versuchen, besonders männlich zu erscheinen.

Es wurde mir immer bewusster, dass die Geschlechtergrenzen überwindbar sind.

Die Lebenskrise

Viele Jahre vergingen. Ich hatte mich für ein Leben als Mann entschieden und war jetzt darin gefangen. Ich konnte während dieser Zeit bestenfalls von einem Leben als Frau träumen.

Ein Problem kommt selten alleine

1994: Mein wesentliches Hobby der letzten Jahre war die Sportfliegerei mit Motor- und Segelflugzeugen. Bedingt durch mein berufliches Engagement sowie familiärer Pflichten hatte ich immer weniger Zeit, um mich dafür ausreichend in Übung zu halten. So kam es dann zu einer Bruchlandung. Das Flugzeug wurde dabei schwer beschädigt, doch ich hatte unwahrscheinliches Glück und blieb unverletzt. Ich habe anschließend einige Monate lang versucht mich von diesem traumatischen Erlebnis zu erholen, aber die Angst flog stets mit, so dass ich dieses Hobby schweren Herzens aufgeben musste. Damit fehlte mir eine wesentliche Möglichkeit zur Ablenkung von meinen Gefühlen.

Der Willkür ausgesetzt

1996: Beruflich stand ich vor schweren Herausforderungen. Nachdem ich die Projektleitung für die Entwicklung eines neuen Produkts erfolgreich abgeschlossen hatte, bat man mich eine Stellvertreterrolle zu übernehmen. Der Leiter dieses Bereiches würde in absehbarer Zeit in den Ruhestand gehen, so dass ich mir Chancen auf einen beruflichen Aufstieg erhoffen konnte.

Ich übernahm die neue Stelle relativ unvorbereitet, weil der Leiter kurz darauf schwer erkrankte. Nach seiner Rückkehr war ich der festen Überzeugung, dass ich meine „Feuerprobe" bestanden hatte. Doch als Monate später sein Abschied näherkam, musste ich eine herbe Enttäuschung erleben. Es drehte sich ein willkürliches Personal-Karussell. Die von mir erhoffte Position wurde durch jemand aus einem völlig anderen Bereich besetzt. Die Begründung dafür lautete, dass man ihm eine andere Führungsposition zugesagt hätte, die jetzt aber nicht mehr frei war. Weder ich, noch jemand anders konnte diese Entscheidung nachvollziehen, insbesondere, weil sie nicht aufgrund von Qualifikationen erfolgte. Mein Engagement der letzten Jahre war somit vergebens gewesen.

Der Teufelskreis
1998: Ich hatte die erlittene berufliche Enttäuschung in mich „hineingefressen", aber auch innerlich gekündigt. Nicht nur das! Je mehr mich meine Probleme quälten, desto mehr suchte ich Trost im heimlichen Frau-sein. Es war ein Teufelskreis. Es blieb es nicht aus, dass meine Frau eines Tages meine Damenkleidung fand. Sie nahm an, dass ich sie mit einer anderen Frau betrog und wollte sich scheiden lassen.

Ein Hoffnungsschimmer
Eine Eheberatung war für mich ein Hoffnungsschimmer, um endlich über die wahren Gründe der Probleme reden zu können. Doch gleich während der ersten Beratungsstunde wurde nur auf mich eingeredet, ohne dass ich auch nur ein einziges Mal wirklich zu Wort kam. In meiner Verzweiflung sagte ich wohl so etwas wie, dass ich mir nicht vorstellen könne, mein Leben alleine weiterzuführen.

Tiefer konnte ich nicht mehr fallen
Ab dem Moment fühlte ich mich, als wenn eine Bombe explodiert sei. Man vermutete eine akute Suizidgefährdung und zwang mich zu meiner eigenen Sicherheit einer Unterbringung in einem Bezirkskrankenhaus zuzustimmen. Ich war so baff, dass ich alles willens- und widerstandslos über mich ergehen ließ, denn tiefer konnte ich nicht mehr fallen.

Meine Transidentität kam zur Sprache
Mit den Therapeuten im Bezirkskrankenhaus konnte ich das erste Mal über meine Transidentität sprechen. Sie erkannten schnell mein wahres Problem und kamen zu der Überzeugung, dass ich mir nicht wirklich etwas antun würde, aber dringend Hilfe benötigte.

Psychotherapie als Chance

Ich konnte das Bezirkskrankenhaus nach zwei Wochen wieder verlassen. Im der Entlassungsbescheinigung war als Diagnose „Belastungsreaktion" angegeben. Als Therapie wurde eine Psychotherapie empfohlen. Ich sah es als eine Chance um mein Leben wieder in geordnete Bahnen zu lenken.

Während der Zeit im Bezirkskrankenhauses fehlte ich unentschuldigt in der Firma. Nach meiner Rückkehr wollte man den Grund meiner plötzlichen „Krankheit" wissen. Es war mir nicht nur peinlich darüber zu reden, sondern ich wollte meine Ruhe vor der Vergangenheit haben.

Ich musste damit leben

2001: Während der viele Jahre lang andauernden Psychotherapie lernte ich, dass meine Transidentität nicht heilbar[7] ist. Ich müsse versuchen damit zu leben.

Aufgrund der beruflich erlittenen Enttäuschung hatte ich jegliche Ambition auf eine Karriere aufgegeben und somit auch darüber keine Ablenkung mehr von meinen Gefühlen.

Mein Psychotherapeut empfahl mir als Ausgleich Sport zu treiben, wie zum Beispiel Jogging. Doch das Laufen gefiel mir nicht, dafür entdeckte ich meine Leidenschaft für das Mountainbiken. Dem Radfahren bin ich bis heute treu geblieben.

---

7   Bei einer üblichen Psychotherapie geht es um die Beseitigung von Symptomen und Störungen. Bei Transidentität gibt es keine Heilung von der angeborenen inneren Überzeugung, im falschen Körper zu leben. Es kann nur eine psychotherapeutische Hilfe sein, diese Symptomatik zu stabilisieren und auszugestalten.

Das Leiden ging weiter

Meine Frau kannte jetzt aufgrund der zeitweisen Teilnahme an meinen Psychotherapie-Sitzungen mein wahres Problem und ich wünschte mir nichts sehnlicher, dass meine Gefühle verstanden würden. Dies hätte sich positiv auf mein seelisches Befinden ausgewirkt und mein verbessertes seelisches Gleichgewicht hätte sich zweifellos auch positiv auf unsere Beziehung ausgewirkt. Doch meine Transidentität wurde offensichtlich als Perversion[8] verstanden, für die man sich schämen müsse. In den folgenden Jahren habe ich mit Rücksicht auf die Familie versucht das Thema zu meiden, um die Probleme nicht eskalieren zu lassen. Meine Gefühle waren weiterhin stets vorhanden.

Ich nutzte jede Gelegenheit um alleine zu sein und mich heimlich als Frau zu kleiden, denn das verschaffte mir wenigstens für kleine Augenblicke ein seelisches Wohlgefühl und Ablenkung von meinen Sorgen. Auf der anderen Seite führte es jedoch dazu, dass meine sozialen Kontakte litten. Ich wurde deswegen immer unglücklicher und depressiver.

Mit viel Glück die Zeit überlebt

Ich suchte auch andere Wege, um mich von meinen Sorgen abzulenken. Dabei war ich nicht nur meistens alleine unterwegs, sondern unternahm oft auch extreme Aktivitäten, wobei ich unbewusst hohe Risiken auf mich nahm.

Ich kann mich noch an Situationen erinnern, die hätten leicht tödlich ausgehen können. Ich badete zum Beispiel im Meer, obwohl die rote Fahne wehte. Eine riesige Welle packte mich, so dass ich nur mit größter Anstrengung wieder zurück an das Ufer kam. Ein anderes Mal fuhr ich mit dem Fahrrad in unwegsamen Gelände und stürzte. Mein Fahrrad verfing sich glücklicherweise in einem Gestrüpp, an-

---

8   Häufig wird als Grund für das Tragen von Kleidung des anderen Geschlechts eine Art von sexueller Befriedigung verstanden, was sich aber gegenüber transsexuellen Menschen als Vorurteil darstellt. Es hat den Ruch von Perversität und wird fälschlicherweise in Verbindung mit Homosexualität gebracht. Bei dem Phänomen der Transsexualität handelt es sich um eine geschlechtliche Körperdiskrepanz und nicht um eine sexuelle Orientierung. Wenn Frauen männliche Kleidung tragen, dann wird es von den gesellschaftlichen Normen akzeptiert, aber umgekehrt nicht.

dernfalls wäre ich wohl in eine Felsschlucht gestürzt, wobei ich mich wahrscheinlich schwer verletzt und mich niemand gefunden hätte.

Mir ist heute bewusst, dass ich wirklich viel Glück hatte, diese Zeit zu überleben. Es änderte sich erst 2011 zum Besseren mit meinem Eintritt in einen Fahrradclub, wo ich liebe Freundinnen und Freunde sowie neue Aufgaben fand.

Körperliche Leiden!

Mir fielen in den Jahren meiner Lebenskrise die Haare extrem stark aus (Bild), was mich zusätzlich unglücklich machte. Die Ursache war zweifellos seelisch bedingt. Es ist bekannt, dass dies zu körperlichen Leiden führen kann. Bei mir hatte es ganz offensichtlich dazu geführt, dass sich infolge des Leidens mein Hormonspiegel verändert hatte.

Haarausfall

Später, nachdem sich mein seelischer Zustand wieder deutlich verbessert hatte, erholte sich mein Haar glücklicherweise wieder. Sogar so gut, dass ich heute keine Perücke tragen muss.

> ➢ Mehr zum Thema siehe unter
> Wissenswertes – Haare und Perücken

27

Die „Geburt" von Claudia

2015: Endlich war ich bereit, meine wahre Identität zu akzeptieren. Dabei halfen mir Kontakte zu anderen Menschen mit gleichen Lebenserfahrungen, die ich über das Internet fand. Ich fand auch einen Transgender-Service, der mir bei meinen ersten Schritten als Frau in der Öffentlichkeit half.

Das erste Mal en femme in der Öffentlichkeit

Im September 2015 hatte ich mir eine Dienstreise so gelegt, dass ich an einem Samstagmorgen mit dem Mietwagen zum Atelier des Transgender-Service fahren konnte. Ich war schrecklich aufgeregt und hoffte, dass mich niemand beobachten würde. Es öffnete mir eine nette Dame, die meine Aufgeregtheit sofort spürte. Ich solle mich doch erst einmal setzen, etwas trinken und beruhigen. Anschließend informierte sie sich über meine Wünsche.

Danach sollte ich mich an einen Schminktisch setzen. Sie bemängelte, dass ich schlecht rasiert wäre und gab mir einen Einwegrasierer. Sie begann anschließend mich zu schminken. Nach einigen Minuten traute ich meinen Augen nicht mehr, denn im Spiegel sah ich das Gesicht einer schönen Frau. Ich war wie verzaubert.

Ich hatte mir eigene Damenkleidung mitgebracht. Doch ich musste mir sagen lassen, dass ich einen so kurzen Rock nicht in der Öffentlichkeit tragen könne. Wir fanden im Fundus des Ateliers einen passenderen Rock für mich.

Im Atelier standen fast unendlich viele Perücken zur Auswahl. Am besten stand mir eine Perücke mit rot-braunen schulterlangen Haaren (Bild). Ich hätte sie am liebsten nicht mehr hergegeben, denn so gut gefiel mir mein Anblick im Spiegel. Anschließend wurden Fotos von mir gemacht.

Mein neuer Name

Nun sah ich aus wie eine schöne Frau. Sie stellte mir die Frage, mit welchem Frauennamen sie mich ansprechen darf? Darauf war ich nicht vorbereitet und konnte die Frage nicht sofort beantworten.

Mir fiel dann ein, dass ich mir bereits früher Gedanken gemacht hatte, welchen Namen ich wohl als Frau tragen würde? Damals kam ich darauf, dass es zu fast jedem männlichen Namen einen äquivalenten weiblichen Namen gibt. Wesentlicher war jedoch für mich, dass der Name möglichst wie mein männlicher Name klang. Also wählte ich „Claudia", wobei es dann für immer bleiben sollte.

Später lernte ich, dass der Name „Claudia" als weibliche Form des Namens Claudius gilt und im Lateinischen „die Verschlossene" bedeutet. Beides trifft aber für mich nicht zu, vor allem, weil ich heute kein verschlossener Mensch mehr bin.

Ich war verunsichert

Es wurde ernst für mich, denn unser Ziel sollte die Fußgängerzone im Zentrum von Dresden sein. Ich hatte die Befürchtung, dass wir dazu öffentliche Verkehrsmittel benutzen würden. Doch wir fuhren mit dem Mietwagen bis in ein Parkhaus. Zu früh gefreut! Im Fahrstuhl des Parkhauses stand ich dicht gedrängt zwischen fremden Menschen. Ich war verunsichert, würden sie erkennen, dass ich keine „richtige" Frau bin? Nein, niemand interessierte sich für mich. Nur mein „Kopfkino" hatte mich verunsichert.

Meine Stimme könnte mich entlarven

Wir fanden ein Paar Schuhe und ein schönes Kleid für mich. An der Kasse befürchtete ich, dass mich meine Stimme als Mann verraten könnte. Ich drückte

das erste Mal

deswegen meiner Begleiterin einen Geldschein in die Hand, damit sie für mich bezahlte.

Anschließend besuchten wir ein Café. Auch hier traute ich mich kaum zu sprechen, um von den anderen Gästen nicht als Mann entlarvt zu werden. Ich schaute vorsichtig um mich, doch niemand nahm Notiz von mir.

Vor dem Verlassen des Cafés war der Gang zur Toilette notwendig. Meine Begleiterin erklärte mir eindringlich, dass ich in diesem Outfit nur eine Damentoilette benutzen dürfe.

Nicht als Mann auffallen

Zurück auf der Straße gab mir meine Begleiterin Ratschläge, wie ich gehen solle, damit ich nicht als Mann auffalle. Das Laufen mit höheren Absätzen war für mich ungewohnt und somit zunächst gar nicht einfach.

Ich gewöhnte mich mehr und mehr an diese für mich neuen Situationen. Ich hinterließ ganz offensichtlich bei anderen Menschen den Eindruck einer „normalen" Frau, so dass meine Befürchtungen unbegründet waren, aufzufallen oder gar als „Tunte" diskriminiert zu werden.

Vor Glück Tränen in den Augen

Wieder zurück im Atelier zog ich das neue Kleid an und es wurden weitere Fotos gemacht. Dann war es Zeit zum Abschminken. Schade! Am Abend, zurück in meinem Hotelzimmer, standen mir vor Glück die Tränen in den Augen. Ich hatte meine wahre Identität gefunden!

Mein erster Urlaub en femme

April 2016: Ein halbes Jahr später ergab sich eine Gelegenheit, das erste Mal im Urlaub vollständig en femme zu sein. Dazu konnte ich ein verlängertes Wochenende in berufliche Termine einrahmen. Ich hatte mir in einer Dresdner Pension ein Zimmer reserviert und lies mich jeden Morgen vom Transgender-Service schminken (Bild). Das professionelle Make-up gab mir das Gefühl, mich wie hinter einer Maske verstecken zu können.

Am ersten Urlaubstag unternahm ich in Begleitung des Transgender-Service eine Shopping Tour. Am zweiten Tag war ich dann das erste Mal selbständig en femme in der Öffentlichkeit, wozu das Dresdner Panometer[9] und der Große Garten auf meinem Plan standen.

Kein Risiko eingehen

Als ich am Panometer ankam regnete es und eine Gruppe Schüler blockierte den Eingang. Ich wartete lieber ein paar Minuten im Auto, denn ich wollte kein Risiko eingehen, möglicherweise von den Jugendlichen diffamiert zu werden.

Die Dame an der Kasse wollte, dass ich ihr ein paar Fragen für die Besucherstatistik beantworte. Aber ich befürchtete, dass mich meine Stimme als Mann verraten würde und tat so, als hätte ich sie nicht verstanden. Im Panometer war es relativ dunkel, so dass ich mich „sicher" fühlte.

Schmink-Service

Auffälliger konnte ich mich nicht verhalten

Das Wetter war nicht wirklich für einen Spaziergang im Großen Garten geeignet. Schon gar nicht mit Pumps! Allerdings hatte ich mir diesen Spaziergang fest vorgenommen und dafür extra einen Regenschirm gekauft.

Die Strafe für meinen Starrsinn folgte unverzüglich. Nach ein paar hundert Metern auf dem Kopfsteinpflaster brach ein Absatz ab, so dass ich humpelnd weiter gehen musste. Auch wurde es mir recht kühl an den Beinen. Keine Frau würde bei diesem nass-kalten Wetter mit dünner Strumpfhose und Pumps spazieren gehen! Auffälliger konnte ich mich wirklich nicht verhalten. Doch die anderen Parkbesucher nahmen glücklicherweise keine Notiz von mir.

---

9   ein ehemaliger Gasometer (Gasspeicher), in dem verschiedene Panoramabilder des Künstlers Yadegar Asisi ausgestellt werden. Ich sah das das Panorama Dresdens nach der Zerstörung am 13./14. Februar 1945.

Kurz bevor ich wieder zum Auto zurückkehrte, brach auch noch der Absatz des zweiten Pumps ab. Das Abenteuer hatte sich wirklich gelohnt! Für das Frau-sein musste ich noch viel lernen ...

Oh Schreck - rote Fingernägel!

Am ersten Tag hatte ich mir ein grelles Rot für meine Fingernägel ausgesucht. Jetzt am Morgen des letzten Tages hatte ich schon gar nicht mehr an meine roten Fingernägel gedacht.

Bei unserer Verabschiedung fiel es der Dame vom Transgender-Service glücklicherweise auf und sie gab mir einen Nagellackentferner mit.

Oh Schreck! Es war Sonntag und ich hätte mir keinen Nagellackentferner kaufen können! Gleich früh am Montagmorgen hatte ich in der Firma eine Schulung mit vielen Teilnehmern durchzuführen. Das wäre mit roten Fingernägeln echt peinlich geworden!

Sie haben ein schönes Parfüm

Ich besuchte das Deutsche Hygiene Museum, wo ich in der Ausstellung „Abenteuer Mensch" viel über Sexualität, Schönheit, Haut und Haare lernte.

In einem der Ausstellungsräume bemerkte ich, wie eine Angestellte des Museums geradewegs auf mich zusteuerte. Ich dachte mir, oh weh, das kann nichts Gutes bedeuten. Doch sie sagte zu mir: *„Sie haben ein schönes Parfüm, das gesamte Museum riecht schon danach."* Ich war sprachlos und wusste nicht, wie ich auf das vermeintliche Kompliment reagieren sollte. Ich hatte mich am Morgen wohl zu ausgiebig mit meinem neuen Parfüm „Hawaii" eingesprüht.

Gesichtserkennung

Im Museum wurde die Sonderausstellung „Gesichter" gezeigt. Neben vielen anderen Exponaten wurde auch die Gesichtserkennung mit Hilfe eines Computers demonstriert. Besucher konnten sich vor eine Kamera stellen und der Computer würde Geschlecht, Alter und Gefühlslage bestimmen.

Ich war verunsichert, ob mich der Computer wirklich als Frau erkennen würde und wollte mich keinesfalls vor anderen Besuchern lächerlich machen. Ich wartete deshalb so lange, bis dass ich alleine vor der Kamera stand.

Der Computer gab folgendes aus:

- Weiblich
- Alter etwa 40
- Glücklich

Ich freute mich, dass mein Passing auch für das Auge eines Computers stimmte. Mein Make-up hatte mich ganz offensichtlich jünger aussehen lassen, aber ich war wirklich glücklich.

Am Tiefpunkt meines Lebens

Juni 2017: Ich hatte während der letzten Monate fast jede Gelegenheit genutzt, um im Urlaub oder während meiner Dienstreisen en femme zu sein, wobei viele Bilder entstanden, die mich als glückliche Frau zeigten (Bild). Ich war sehr stolz auf diese Bilder, denn sie waren mehr als nur der Beweis dafür, dass ich meine wahre Identität gefunden hatte.

Es blieb jedoch nicht aus, dass meine Frau diese Bilder sah und sich darüber stark verärgert zeigte. Als ich von einem Urlaub mit Freunden vom Fahrradclub zurückkam, war sie aus der gemeinsamen Wohnung ausgezogen. Ich stürzte in ein tiefes seelisches Leiden.

glücklich

Irgendetwas war nicht in Ordnung

August 2017: Einige Wochen später hatte ich beim morgendlichen Gang zur Toilette den Eindruck, dass wegen des Blut im Urin irgendetwas mit mir nicht in Ordnung war. Ich spürte jedoch keine Schmerzen und versuchte es zu ignorieren. Am nächsten Morgen machte wieder die gleiche Beobachtung. In mir

33

stieg Verunsicherung auf, denn es konnte wohl nichts Gutes bedeuten. Es war Sonntag, so dass ich nicht sofort zu einem Arzt gehen konnte.

Am nächsten Tag war eine Dienstreise geplant. Ich entschloss mich, gleich früh am Morgen zu meinem Hausarzt zu gehen. Der konnte aber die Ursache der Symptome nicht finden und überwies mich an einen Urologen. Stress kam auf, denn ich musste spätestens am Mittag meine gebuchte Dienstreise antreten. Mein Hausarzt war jedoch sehr hilfsbereit und sorgte mit einem Anruf beim Urologen dafür, dass ich bevorzugt untersucht wurde.

Der schockierende Befund

Die Diagnose traf mich wie ein Blitzschlag: Ein Tumor! Meine gesamte Zukunft war schlagartig infrage gestellt, denn ich musste das Schlimmste befürchten. Ich begab mich trotzdem auf die geplante Dienstreise, was mir erst einmal eine Ablenkung von den neuen Problemen verschaffte.

Nach meiner Dienstreise stand eine CT-Untersuchung[10] an. Einige Tage später stand fest, dass sich der Nieren-Tumor noch in einem frühen Stadium befand und mit einer Operation entfernt werden könne. Der früheste Termin war jedoch erst in zwei Monaten.

Das Coming-out gegenüber meinen Kindern

Wie sollte es mit mir weitergehen? Wie würde sich meine Krankheit weiterentwickeln? Mein Trost bestand im heimlichen Frau-sein. Konnte ich es aufgrund meiner unsicheren Zukunft weiter verheimlichen? Besonders meine Kinder sollten weder durch Zufall, noch durch Dritte erfahren, dass ihr Vater zeitweise als Frau lebt. Auch wenn sie bereits erwachsen waren, so wollte ich sie auf keinen Fall damit überfallen. Sie kannten bisher auch nicht den wahren Grund, warum sich ihre Eltern getrennt hatten. Lange hatte ich überlegt, wie ich es ihnen erklären könnte. Ich wollte ihnen wirklich alles über mein bisheriges Leben erzählen und so meine Transidentität erklären.

---

10 CT = Computertomografie, mit Hilfe eines Computers werden Schnittbilder des Körpers errechnet, oft als „in die Röhre" bezeichnet, die Maschine ist jedoch heute keine Röhre mehr

Etwas sehr Wichtiges

Ich lud meine Kinder mit der Begründung ein, dass ich ihnen etwas sehr Wichtiges zu berichten habe. Wir trafen uns an einem Sonntagnachmittag. Meine Lebensgeschichte interessierte sie sehr, denn vieles kannten sie noch nicht. Wie zum Beispiel meine Lebenskrise vor mehr als 20 Jahren und deren Ursachen. Dann meine ersten Schritte als Frau in der Öffentlichkeit, die mich wieder glücklich machten.

Mir fiel ein Stein vom Herzen

Ihre Reaktionen auf mein Coming-out überraschten mich in angenehmster Weise. Eine Tochter meinte, dass sie aufgrund meiner Ankündigung etwas Schlimmes befürchtet habe. Meine andere Tochter fiel mir um den Hals und hatte tiefes Mitleid mit mir, weil ich so viel Leiden musste. Mein Sohn nahm es gelassen auf. Er war alt genug, um den „Verlust" seines Vaters als Vorbild zu verschmerzen. Mir fiel ein Stein vom Herzen. Endlich musste ich ihnen gegenüber keine Geheimnisse mehr haben.

Ich sagte ihnen, dass sie mit allen darüber offen reden dürfen. Nur meine Mutter solle zunächst nichts davon wissen, weil es besser sei, wenn sie es von mir selbst erfahren würde.

Jetzt erst recht ein Urlaub en femme!

Es war Spätsommer und ich wollte mit Blick auf meine unsichere Zukunft noch einmal einen richtig schönen Urlaub machen. Dabei wollte ich rund um die Uhr en femme sein.

In der bereits bekannten Dresdner Pension hatte ich mir für zwei Wochen lang ein Zimmer reserviert. Weil Oktoberfestzeit war, zog ich für die Hinfahrt mein neues Dirndl an. Unterwegs wollte ich auf einem Rastplatz eine Pause machen, doch es standen dort unzählige LKWs. Mir war nicht wohl dabei und fuhr lieber sofort weiter. Bei Ankunft in der Pension wurde ich mit einem großen Hallo als Claudia empfangen. Ich lies mich wieder jeden Morgen professionell schminken, so dass ich mit einem optimalen Passing in der Öffentlichkeit sein konnte.

Mein großer Auftritt

Seit Tagen war in der Radiowerbung zu hören, dass in einem großen Dresdner Einkaufszentrum ein Oktoberfest stattfand. Besucher, die in Tracht erscheinen, würden an einer Verlosung teilnehmen. Es reizte mich dabei mitzumachen, weniger wegen der Preise, sondern wegen der Gelegenheit, mich im Dirndl in der Öffentlichkeit zeigen zu können. Ich zwängte mich am Morgen in mein Dirndl und stand dann fast eine Stunde lang vor dem Spiegel, um dies und jenes an meinem Outfit zu optimieren. Ich war vor allem aber unsicher, ob ich es wirklich wagen sollte. Letztendlich dachte ich mir, hier kennt mich keiner und was kann mir schon passieren?

Ich ließ mich vor der Pension noch kurz fotografieren (Bild) und „auf ging's"! Super, am Einkaufszentrum war ein Frauen-Parkplatz für mich frei. Ich war jedoch weit und breit die einzige Person in Tracht, so dass auf dem Weg in die Mitte des Einkaufszentrums viele Blicke auf mich gerichtet waren. Ich kam mir vor wie ein Mannequin auf dem Laufsteg und schenkte allen mein schönstes Lächeln, denn damit konnte ich meine Unsicherheit überdecken.

Die Moderatoren auf der Bühne freuten sich, dass endlich jemand in Tracht erschien. Ich habe mich als Claudia aus München vorgestellt. Man hatte mir gegenüber absolut keine Vorbehalte. Im Gegenteil, wir sprachen recht lange mit einander, wobei wir etliche Zuschauer hatten.

Mein großer Auftritt

Ich war stolz auf meinen gelungenen Auftritt und es wurden einige Fotos von mir auf der Bühne gemacht. Als Preise wurden Reisen zum Münchner Oktoberfest verlost. Ich verzichtete auf die Verlosung, denn zwei Tage später war ich ohnehin wieder daheim in München.

In der Semperoper

Als Abschluss für meinen Urlaub hatte ich mir eine Eintrittskarte für die Dresdner Semperoper beschafft. Es wurde „Der Barbier von Sevilla" gespielt, wovon ich ganz besonders die Ouvertüre liebe, denn sie erinnert mich an alte glücklichere Zeiten.

Ich muss zugeben, dass mir die festliche Kleidung das Wichtigste für meinem Opernbesuch war und hatte mir dazu extra neue Sachen gekauft. In der Oper wurde ich enttäuscht, denn nur wenige der anderen Besucher:innen waren in festlicher Kleidung erschienen, so dass ich besonders auffiel. Ich fühlte mich umso mehr als stolze Frau.

Der Beinahe-Unfall

Mein Urlaub war leider zu Ende. Auch die Rückfahrt trat ich en femme an. Die Nacht davor war jedoch zu kurz und ich hatte vor lauter Aufregung schlecht geschlafen. Es waren deshalb keine guten Voraussetzungen, um alleine 500 km weit mit dem Auto zu fahren. Ich war seit etwa zwei Stunden unterwegs, als sich Müdigkeit bemerkbar machte. Ich kämpfte um wach zu bleiben und wollte an der nächsten Raststätte eine Pause einlegen. Dann ein Sekundenschlaf! Plötzlich sah ich, wie vor mir ein LKW immer größer wurde. Ich riss das Lenkrad herum und hatte riesiges Glück, dass mein Mietwagen nicht ins Schleudern geriet. Nicht auszudenken, was alles hätte passieren können. Es war eine Lehre für mich, denn später habe ich für derartige Reisen lieber die Bahn benutzt.

Mein erstes Coming-out irritierte

Oktober 2017: Nach meinem Urlaub holte mich die Wirklichkeit schnell wieder ein, denn ich musste wieder in meiner alten Rolle als Mann arbeiten. Ich konnte es mir jedoch nicht verkneifen, meinen Kolleginnen von meinem Urlaubserlebnissen zu erzählen. Dabei zeigte ich ihnen auch ein Bild von meinem Auftritt im Dirndl auf der Bühne des Einkaufszentrums. Ich hatte dabei den Eindruck, dass sie mein Coming-out irritierte. Sie schauten sich das Bild nur kurz an, aber kommentierten es nicht. Damit war das Thema erst einmal erledigt.

Meine Tumor-Operation

Oktober 2017: Der Termin meiner Tumor-Operation in Bad Tölz war gekommen. Ich fühlte mich vor allem seelisch als Frau und wollte deswegen in der Klinik keinesfalls ein Zimmer mit Männern teilen. Glücklicherweise wurde mir die Option angeboten, mich als Privatpatient behandeln zu lassen, so dass mir ein Einzelzimmer zur Verfügung stand.

Ich war in meinem Zimmer und bereit für die Operation, als die Ärzte hereinkamen. Ich dachte zunächst, dass sie mit mir die Operation besprechen würden. Stattdessen überbrachten sie mir die Nachricht, dass die Operation verschoben werden müsse. Ich musste erst einmal wieder nach Hause. Meine Frau war so lieb, um mich aus der Klinik abzuholen.

Einige Tage später klappte dann der zweite OP-Termin. Die Operation wurde minimal-invasiv mit einem „da Vinci" Roboter-System durchgeführt. Das hatte den Vorteil, dass ich nur sehr kleine Narben behielt. Auch sonst verlief die Operation ohne Komplikationen, so dass ich bereits nach nur drei Tagen wieder aus der Klinik entlassen wurde. Ich wäre wegen des netten Personals gerne noch länger in der Klinik geblieben.

Der Start meiner Transition

Ich verheimlichte meine Transidentität nicht mehr länger und lebte zunächst in meiner Freizeit ausschließlich en femme. Dabei bereitete ich in kleinen Schritten auch mein berufliches Coming-out vor.

Viel Zeit zum Nachdenken

In den Tagen nach meiner Operation hatte ich viel Zeit zum Nachdenken, denn ich konnte nach der Entlassung aus der Klinik zwecks Reha sechs Wochen lang daheim verbringen.

Warum hatte ich den Tumor bekommen, obwohl ich immer relativ gesund gelebt hatte? Es wurde mir immer bewusster, dass die körperliche Gesundheit sehr stark mit der seelischen Gesundheit verknüpft ist, denn meine Seele war mein Leben lang unglücklich gewesen. Vor der Operation hatte ich zwei Wochen lang im Urlaub glücklich als

Frau gelebt. Warum könnte das nicht immer so sein? Jetzt hatte ich die Chance das Leben als Frau in meiner heimischen Umgebung zu erproben, ohne dabei zwischendurch in die alte Rolle als Mann zurückkehren zu müssen.

Körper und Seele im Einklang

Wie gut dies meinem seelischen Gleichgewicht bekam, spürte ich vor allem daran, dass ich mich von den Folgen der Operation überraschend schnell erholte. Ich hatte jetzt absolut keine Zweifel mehr, dass das seelische Gleichgewicht einen sehr großen Einfluss auf den Körper und seine Heilungskräfte hat.

Meine Nachbarn

November 2017: Ich begann damit, mich auch außer Haus nur noch als Frau zu zeigen. Als ich von einem Spaziergang zurückkam, standen meine Nachbarn vor ihrer Haustür. Es war die Gelegenheit für mein erstes Coming-out. Ich ging auf sie zu. Mich trafen fragende Blicke wie: *„Was will die Fremde von uns?"* Sie hatten mich ganz offensichtlich nicht erkannt. Ich sprach sie an: *„Erkennt ihr mich nicht?"* Erst jetzt erhellten sich ihre Gesichter. Ich erklärte ihnen, dass ich jetzt als Claudia leben würde und erläuterte ihnen die Gründe für meine Wandlung. Sie verstanden und akzeptierten es sofort.

Nicht wiedererkannt

Einige Tage später hatte ich ein weiteres Coming-out. Nach einem kleinen Morgenspaziergang sah ich einen anderen Nachbarn vor seinem Haus im Garten. Er war beschäftigt, so dass ich ganz auf ihn zugehen musste. Erst dann schauten wir uns in die Augen. Er erkannte mich nicht sofort, sondern erst als ich ihn ansprach. Er musste aufgrund der Überraschung lachen. Ich solle doch mit ins Haus kommen. Meine Nachbarin hatte mich bereits anhand meiner Stimme erkannt, bevor sie mich sah. Sie meinte, dass man mich gar nicht mehr wiedererkennen würde. Ich erklärte ihnen, dass ich meine Gefühle nicht länger verstecken wolle und keine Geheimnisse mehr haben möchte. Ich erzählte ihnen meine Lebensgeschichte in Kurzform. Sie zeigten viel Mitgefühl und sagten, dass ich es ihnen hätte schon viel früher erzählen können. Sie hätten schon immer viel Verständnis für Menschen wie mich gehabt. Alles war gut!

Noch nie so glücklich gesehen

Einige Tage später konnte ich das Wetter für einen Spaziergang nutzen. Als ich zurückkam, traf ich meinen Nachbarn vor der Haustür. Er sagte spontan zu mir: *„Claudia, ich habe dich noch nie so glücklich gesehen wie heute"*.

Was ist mit dir los?

November 2017: Ich hatte mit einer Dresdner Kollegin ein bedenkenswertes Telefongespräch. Wir verstanden uns aufgrund der häufigen beruflichen Kontakte schon immer sehr gut. Eines Tages meinte sie: *„Was ist mit dir los? Man kennt dich gar nicht mehr wieder, du bist neuerdings so fröhlich."* Ich erzählte ihr daraufhin, dass ich ein schönes Wochenende in meiner neuen Rolle als Frau hatte. Sie verstand mich sofort. Während meiner nächsten Dienstreise besuchte ich sie in ihrem Büro und zeigte ihr meine Bilder als Claudia.

Outing gegenüber meinen Freundinnen und Freunden

November 2017: Das Radfahren hält mich seit vielen Jahren fit und ich war inzwischen auch ein Mitglied der Vorstandschaft des heimatlichen Fahrradclubs. Nach meiner Entscheidung, von jetzt an als Frau zu leben, durfte ich dies meinen Freundinnen und Freunden nicht länger verheimlichen. Aber wie würden sie reagieren?

Bist du jetzt Claudia?

Die nächste Vorstandssitzung in unserem Stammlokal war eine ideale Gelegenheit für mein Coming-out. Ich war aufgeregt, so dass das Schminken länger dauerte und deswegen zu spät kam. Die Besprechung war schon voll im Gange, was aber ein Vorteil für meinen Überraschungseffekt sein sollte. Niemand registrierte mich zunächst beim Hereinkommen. *„Hallo, grüßt euch!"* Acht Augenpaare starrten mich an: *„Bist Du es?"* Sofort ergänzte einer: *„Bist du jetzt Claudia?"* Ich erschrak, woher kannte er meinen neuen Namen? *„Ja, ich bin jetzt die Claudia."* Die laufende Besprechung wurde unterbrochen. Ich erklärte, warum ich jetzt als Frau erscheine. Nach dem Ende der Besprechung wurde es gemütlich. Die Damen setzen sich zu mir und ich musste viel erzählen. Es war eine Selbstverständlichkeit, dass ich zu der bevorstehenden Weihnachtsfeier ebenfalls als Claudia erscheinen sollte.

Wo ist dein Rock?

Einige Wochen nach meinem Coming-out gegenüber meinen Freundinnen und Freunden vom Fahrradclub hatten wir wieder ein Treffen im Stammlokal. Ich kam jedoch direkt von der Arbeit (wo ich zu dem Zeitpunkt noch als Mann arbeitete) und erschien deshalb nicht en femme. Als ich unser Stammlokal betrat, konnte sich die Wirtin nicht zurückhalten, um mich mit *„Wo ist dein Rock?"* zu begrüßen. Nach einem kurzen Wortwechsel wurde mir bewusst, dass sie von mir erwartet hatte, dass ich von jetzt an nur noch eine Frau bin.

Liebe Nachbarn

Die Weihnachtstage 2017 waren für mich wunderschön. Es begann bereits damit, dass ich von meinen Nachbarn zu einer gemütlichen Kaffeerunde eingeladen wurde. Es war ein willkommener Grund, mich besonders schick zu kleiden, was dann auch mit positiven Bemerkungen honoriert wurde.

Ein Höhepunkt war am ersten Weihnachtsfeiertag die Einladung zum Mittagessen bei meinen Nachbarn, wozu ich in einem festlichen Kleid erschien (Bild).

Im Theater

Von meinen Kindern erhielt ich als Weihnachtsgeschenk eine Eintrittskarte für die „Rocky Horror Picture Show" im Deutschen Theater in München. Wer kennt nicht den unvergesslichen Song „Let's Do the Time Warp Again ..."? Die Vorstellung war dann einige Wochen später, wobei ich mich während der Pause zusammen mit dem Hauptdarsteller fotografieren ließ.

Weihnachten 2017

41

Als zwei Personen auf Dienstreise

Ich war eine Woche lang auf einer Dienstreise. Meine Reise begann mit dem Packen eines großen Koffers, weil in ihn Kleidung für zwei Personen passen musste: für mich und für „Claudia". Tagsüber arbeitete ich im Mann-Modus, aber nach Feierabend verwandelte ich mich im Hotelzimmer in eine Frau, um so den Abend mit Shopping und Restaurantbesuchen zu genießen.

Am letzten Tag meiner Dienstreise stand nur noch die Heimreise an, die ich en femme antreten wollte. Ich hatte mich deshalb bereits gleich früh am Morgen als Frau fein zurecht gemacht. Bei meiner Ankunft im Frühstücks-Restaurant traf mich der Schlag. Anders, wie ich es von den Tagen davor gewohnt war, war das Restaurant brechend voll mit Wochenend-Touristen, so dass ich nur mit Mühe einen freien Tisch fand. Ich war weit und breit die einzige Frau, die fein gekleidet war. Ich fühlte mich jedoch richtig gut in der Rolle einer Frau, die Aufmerksamkeit erregte.

Rechnung für zwei Personen

Beim Check-out an der Hotelrezeption wartete eine Überraschung auf mich: Die Rechnung war auf ein Zimmer mit zwei Personen ausgestellt! Das Zimmer war auf meinen männlichen Namen reserviert worden, jetzt aber stand ich als Frau an der Rezeption. Ein weiterer Grund war sicher auch, dass ich an einem Abend im Hotelrestaurant en femme gegessen und die Rechnung auf mein Zimmer hatte schreiben lassen. Die Dame an der Rezeption hatte sofort verstanden, dass die vermeintlichen zwei Personen nur eine waren. Sie korrigierte stillschweigend die Rechnung. Alles war gut.

Wer hätte das gedacht?

März 2018: Obwohl mich alle Freunde und Bekannten seit Monaten als Claudia kannten, hatte ich noch Bedenken, mich gegenüber meinen Kolleginnen und Kollegen zu outen.

Während meiner Dienstreisen war es für mich zur Gewohnheit geworden, dass ich mich nach der Arbeit im Hotelzimmer herrichtete, um en femme zum Shopping und Abendessen auszugehen. Im gleichen Hotel übernachteten auch andere Kolleginnen und Kollegen, so dass stets die Gefahr bestand, dass ich ihnen über den Weg laufe und dies zu einem unfreiwilligen Coming-out führen würde. Eines Abends kam ich en femme zurück in das Hotel, wenn einige Kollegen an der Hotelbar saßen. Es war die Gelegenheit für ein Coming-out! Ich habe mich zunächst einfach neben sie an die Bar gesetzt und sie dann etwas später angesprochen. Die Überraschung wurde mit *„Hallo, wer hätte das gedacht"* kommentiert.

Die Offensive

Jetzt wussten die ersten Kollegen über mich Bescheid. Damit sich mein Coming-out nicht als Gerücht in der Firma verbreitete, sah ich mich gezwungen in die Offensive zu gehen. Der nächste Abend bot eine gute Gelegenheit, denn es war ein gemeinsames Abendessen mit allen Kolleginnen und Kollegen meines Teams geplant. Ich hatte zunächst noch mit mir gerungen, ob es wirklich eine passende Gelegenheit sei? Es siegte dann aber mein Wunsch, keine Geheimnisse mehr zu haben.

Sie erkannten mich nicht

Wir hatten verabredet, dass wir vom Hotel aus gemeinsam zu einem Restaurant gehen. Nachdem ich mich im Hotelzimmer gekleidet und geschminkt hatte, positionierte ich mich kurz vor der vereinbarten Zeit unübersehbar im Hotel-Foyer. Meine Kolleginnen und Kollegen kamen einen Moment später aus dem Fahrstuhl, sie erkannten mich jedoch nicht und liefen direkt an mir vorbei. Ich genoss die Situation und sprach sie deshalb nicht sofort, sondern erst vor dem Hoteleingang an. Ich hatte dabei den Eindruck, dass sie über meine plötzliche Erscheinung als Frau so überrascht waren, dass sie nicht wussten, was sie sagen sollten. Wir gingen relativ schweigend zu dem Restaurant, wo wir uns mit weiteren Kolleginnen und Kollegen trafen. Sie warteten bereits vor dem Restaurant auf uns.

Call me Claudia

Ich sorgte für eine Überraschung indem ich alle mit *„Hi, call me Claudia"* begrüßte. Während des Abends musste ich meine neue Rolle erklären. Man brachte mir viel Verständnis entgegen und lobte meine Offenheit. Mein Coming-out wurde als gegenseitiger Vertrauensbeweis bewertet. Zum Abschluss unseres Restaurantbesuches baten wir den Wirt ein Foto von der fröhlichen Runde zu machen, wobei ich im Mittelpunkt stand. Am nächsten Tag verteilte ich das Foto mit einem Dankeschön für das entgegengebrachte Verständnis an alle Kolleginnen und Kollegen meines Teams.

Die unbekannte Frau

April 2018: Ich hatte mich zurecht gemacht, um sommerlich gekleidet einen Spaziergang zu unternehmen, wenn mich die Nachricht eines Freundes erreichte, ob ich Lust auf eine gemeinsame Fahrradtour hätte, bei der wir uns mit einem weiteren Freund treffen würden. Klar doch! Ich war bereits geschminkt, so dass es für mich selbstverständlich war, die Fahrradtour en femme zu unternehmen. Ich freute mich schon auf den Überraschungseffekt, denn der zweite Freund wusste noch nichts von meinem Wandel. Als wir ihn trafen, schaute dieser den ersten fragend an: *„Warum kommst Du mit einer fremden Frau daher und erzählst mir zuvor etwas anderes?"* Ich freute mich über mein gelungenes Passing und gab mich zu erkennen.

Mein letzter Urlaub als Mann

April 2018: Bisher hatte ich fast jedes Jahr mit meinen Freunden eine mehrwöchige Radreise unternommen. Bereits während des Klinikaufenthalts nach meiner Tumor-OP überraschten sie mich mit der Idee für eine Radrundreise durch Andalusien. Klar, dass ich wieder dabei sein wollte. Doch würde es gut gehen, wenn ich en femme eine anstrengende Radreise unternehmen wurde? Meine Freunde akzeptierten mich in meiner neuen Rolle, aber wie würde es mir in einem fremden Land ergehen? Vor allem aber, weil die Reise mit dem Flugzeug erfolgen sollte und mein Ausweis mich noch als Mann auswies. Also war es einfacher, wenn ich noch einmal in meiner alten männlichen Rolle teilnehmen würde.

Ohne Make-up und Perücke

Die Radrundreise durch Andalusien war sehr erlebnisreich, aber auch extrem anstrengend. Unterwegs habe ich mehrmals gedacht, wie gut, dass ich jetzt kein Make-up und keine Perücke trage. In Cordoba konnte ich nicht widerstehen, mir als Souvenir eine Brosche zu kaufen. Sie hat das Motiv eines Schmetterlings und ich trage sie heute noch gerne als Zeichen meiner Wandlung.

Damit es dir unter der Perücke nicht zu warm wird
Mai 2018: In Malaga, es war der letzte Tag unserer Reise, hatte ich Geburtstag. Meinen Freunden gelang eine wirklich tolle Überraschung, denn sie schenkten mir zwei Fächer, wie sie von spanischen Frauen benutzt werden. Einer der Fächer war mit Schmetterlings-Motiven versehen, dem Symbol meiner Verwandlung. Sie überreichten mir die Geschenke mit der Bemerkung: *„Damit es dir unter der Perücke nicht zu warm wird"*. Es war ein schöner Beweis dafür, dass Freundschaften auch ein Coming-out überstehen.

Ein halbes Jahr später hielt ich einen öffentlichen Vortrag über diese Reise, jedoch bereits in meiner neuen Rolle als Frau. Dazu berichte ich später noch.

Auf welche Toilette gehst du?

Es war ein sehr langer Stammtischabend, bei dem wir im Biergarten saßen. Nach Sonnenuntergang wurde es mir zu frisch und aufgrund der zwei Radler-Halbe war es unvermeidbar, dass ich dringend eine Toilette aufsuchen musste. Auf dem Rückweg kam mir eine Freundin entgegen. Sie machte sich ganz offensichtlich Sorgen: *„Claudia sag mal, auf welche Toilette gehst du?"*

Es war für mich eine Selbstverständlichkeit, dass ich en femme stets die Damentoilette benutze. Die Frage ging mir aber noch länger nicht aus dem Kopf. Nur meine Freundinnen kennen mich als Transgender. Aber für andere Gäste bin ich eine normale Frau, so dass sich niemand daran stören könnte. Oder?

Im Friseursalon

Mir waren meine natürlichen Haare so lang geworden, dass sie unter der Perücke herausschauten. Ich fasste meinen ganzen Mut zusammen, um das erste Mal en femme in einen Friseursalon zu gehen.

Beim Eintritt in den Salon traf mich fast der Schlag, trotz der frühen Stunde war der Wartebereich schon voll besetzt. Ich überlegte viel zu lange, ob ich lieber gleich wieder gehen sollte. Doch da kam auch schon die Chefin des Salons mit der Frage, ob sie mir helfen könne? Ich sage verlegen: *„Dann muss ich wohl etwas länger warten"* und setze mich zu den anderen Wartenden. Ich wollte die Wartezeit mit einer Frauenzeitschrift überbrücken, doch ich konnte vor lauter Aufregung nicht wirklich lesen.

Nach etwa einer halben Stunde war es so weit: *„Wer ist der nächste?"* Ich stand auf und bat, im hinteren Teil des Salons bedient zu werden. Die Friseuse verstand mich sofort. Ich war erleichtert, denn so war ich aus dem Blickfeld der anderen Kunden.

Ob das mein Ernst sei?

Auf die Frage welchen Wunsch ich hätte, nahm ich meine Perücke ab und sagte, dass meine eigenen Haare zu lang seien. Sie: *„Ob das mein Ernst sei?"* Ich: *„Ja, ich möchte nicht, dass sie unter der Perücke herausschauen."* Sie: *„So wird das niemals für eine schöne Frisur reichen."* Ich: *„Ja, leider …"* Während sie meine Haare frisierte, wollte ich von ihr wissen, ob ich eine ungewöhnliche Kundin sei und ob sie mich gleich durchschaut hätte? Sie meinte, dass sie genug Menschenkenntnisse hätte, um das sofort zu erkennen. Auch hätte sie früher in München gearbeitet und dort bereits öfters Kundinnen wie mich gehabt. Ich dachte mir daraufhin, wofür war ich jetzt so aufgeregt?

Mein Coming-out in der Zeitung

März 2018: Ich nahm als Mitglied der Fahrradclub-Vorstandschaft an der jährlichen Hauptversammlung teil. Nach der Wahl der neuen Vorstandschaft machte ein Pressejournalist Fotos, wozu ich mich nicht ausschließen durfte.

Das Bild erschien einige Tage später in der Lokalzeitung. Auf dem Bild war ich eindeutig als Frau zu erkennen, doch darunter stand mein männlicher Name. Ich denke, dass es nur den wenigsten Lesern aufgefallen sein wird.

Als Ordnerin bei einer Demo

April 2018: In München war eine große Radfahrer-Demo angesagt. Keine Frage, dass ich als Ordnerin mit dabei war. Bereits am Vormittag hatte ich erstmalig als Tourenleiterin eine Gruppe von Radfahrenden nach München geleitet.

Dort angekommen, musste ich mich zunächst als Ordnerin melden, wobei ich in der Liste unter meinem männlichen Namen registriert war. Ich zeigte einfach darauf und sagte: *„Heute bin ich Claudia"*. Und gut war es. Anschließend erhielt ich eine kurze Einweisung, wie ich als Ordnerin die Polizei unterstützen sollte.

Als Ordnerin

Während der Demo kam dann mein großer Einsatz. Ein Polizist hatte mit seinem Motorrad und Blaulicht den Verkehr vor einer Kreuzung angehalten. Jetzt musste ich übernehmen und den Verkehr so solange stoppen, bis dass der Demo-Zug mit den etwa 3000 Radfahrenden durch war, dabei winkte man mir oft ganz lieb zu.

Es war ungewohnt für mich

Juni 2018: Ich war en femme mitten drin im Geschehen, als ein Landrat, ein Bürgermeister und einige Stadträte anhand einer Fahrradtour die neusten Planungen vorstellten. Die Radtour führte unter anderem durch mehrere Baustellen. An einer Baustelle mussten unsere Fahrräder über einen Erdhügel getragen werden. Ich wollte mein Fahrrad selber tragen, doch ein Kavalier ließ es sich nicht nehmen, es für mich zu tragen. Daran musste ich mich erst einmal gewöhnen.

An der Supermarkt-Kasse

Juni 2018: Irgendwann musste es ja mal passieren! Ich kann nicht mehr zählen, wie oft ich schon in einem Supermarkt en femme war. Jedes Mal zahlte ich dabei problemlos mit der Bankkarte, wobei es niemanden interessierte, welcher Name auf der Karte stand.

Dieses Mal aber schaute sich die Dame an der Kasse meine Karte genauer an und wollte sie nicht akzeptieren. Es sei nicht meine Karte, denn sie gehöre einem Mann! Hinter mir drängelten bereits die nächsten Kunden. Ich überlegte kurz, wie ich darauf reagieren sollte. Ich hätte bar zahlen können, aber ich entschied mich für die Flucht nach vorne und sage völlig cool zu der Kassiererin: *„Soll ich mich jetzt hier ausziehen?"* Mit der Antwort hatte die Dame nicht gerechnet. Sie gab mir blitzschnell die Karte zurück und sagte *„Entschuldigung, ich habe nicht richtig hingeschaut".* Ich lasse es offen, ob sie damit die Karte oder mich meinte?

Ich freute mich, denn ich hatte die Situation als „Siegerin" überstanden. Es war wohl auch ein Beweis dafür, dass mein Passing gut genug war, um als Frau angesehen zu werden.

Die Ironie dieser Geschichte war, dass mich erst wenige Tage vorher eine Freundin vor dieser Situation gewarnt hatte. Sie empfahl mir, dass ich mir einen Ergänzungsausweis und von der Bank eine Karte mit meinem weiblichen Namen beschaffen solle.

Mein Ergänzungsausweis

Juni 2018: Ich benötigte jetzt dringend den Transgender Ergänzungsausweis, weil ich fast nur noch als Frau unterwegs war und ständig befürchten musste, in eine mit Peinlichkeiten verbundene Ausweiskontrolle zu geraten.

Die für mich aufwendigste Aktion dafür war das notwendige Passbild. Es durfte kein gedrucktes Bild sein. Also setzte ich mich zunächst in die Passbildkiste eines Supermarktes. Das Ergebnis war schrecklich. Ich ging dann in ein Fotogeschäft, um mich von einem

Profi ablichten zu lassen. Dem Fotografen erklärte ich, dass ich das Bild nicht für einen Personalausweis benötigte, so dass er ein freundlicheres Bild von mir machen konnte.

Nach dem Versenden des Antragsformulars mit meinem Passbild und der Überweisung der Gebühr erhielt ich einige Wochen später meinen Ergänzungsausweis. Anschließend beantragte ich bei meiner Bank eine Zweit-Bankkarte mit dem Namen „Claudia", was dann problemlos klappte.

⮕ Mehr zum Thema siehe unter
Wissenswertes – Der Transgender Ergänzungsausweis

Auf einer Kinderparty?

Juli 2018: Ich hatte am Wochenende meine Fingernägel in dezenten Pink lackiert und nahm en femme an einer Radtour teil. Bei der Rückkehr am Abend war ich zu müde, um mir den Nagellack zu entfernen. Und am Montagmorgen war ich dann zu verschlafen, um mir meiner lackierten Fingernägel bewusst zu sein.

Gegen Mittag nahm ich in der Firma an einer Besprechung teil. Nach deren Ende stellte mir der gegenübersitzende Fertigungsleiter die Frage, ob ich auf einer Kinderparty gewesen wäre? Völlig erstaunt meine Gegenfrage, warum er so etwas annehme? Meine Fingernägel würden so aussehen. Er bot mir an, dass ich mir meine Fingernägel in der Werkstatt mit Aceton reinigen könne. Ich stellte ihm die Frage, ob es sich noch nicht so weit herumgesprochen hätte, dass ich zeitweise als Frau lebe? *„Nein"*.

Großes Interesse

Normalerweise verlassen alle Teilnehmer schnell das Besprechungszimmer, aber dieses Mal hörten mir alle mit großem Interesse zu. Ich erwähnte dabei, dass es viele Menschen gäbe, die davon betroffen seien. Aber die meisten würden ihre Gefühle aus Angst vor Diskriminierungen verheimlichen. Man bestätigte mir darauf hin, dass die zunehmenden Stellenangebote, welche sich nicht mehr auf männlich und weiblich beschränken würden, bereits aufgefallen wären.

Du legst es wirklich darauf an

Zurück im Büro zeigte ich meiner Kollegin meine Hände und stellte ihr die Frage, ob meine Fingernägel wirklich so sehr auffallen? Sie antwortete: *„Du legst es wirklich darauf an, dass es alle sehen"*. Ich entfernte den Nagellack jetzt erst recht nicht.

Am nächsten Tag hatte ich eine weitere Besprechung. Dabei fielen einem Kollegen meine lackierten Fingernägel auf: *„Was hat das denn zu bedeuten?"* war seine erstaunte Frage. Ich erklärte es ihm. Etwa drei Stunden später erschien derselbe Kollege mit einem fadenscheinigen

Grund in meinem Büro. Er drückte mir ein Teil in die Hand und ich sollte entscheiden, ob es ausgeliefert werden könne. Ich denke aber, dass er nur noch einmal meine lackierten Fingernägel sehen wollte.

Ja, es ist bekannt

Ich hatte eine Besprechung, an der eine Kollegin aus der Personalabteilung teilnahm. Zum Ende der Besprechung stellte ich ihr die Frage, ob es bereits auch in der Personalabteilung bekannt sei, dass ich als Frau lebe? *„Ja, es ist bekannt"*. Sehr schön, dachte ich mir und zeigte ihr daraufhin meinen Ergänzungsausweis. Sie schaute sich ihn ausgiebig an und meinte, dass mir die Haarfarbe gut stehen würde. Ich bedankte mich für das Kompliment!

Konnte ich es wagen?

August 2018: Ich nahm an einer Fahrradtour teil, bei der wir den Starnberger See umrundeten. Nach etwa fünf Stunden bei Temperaturen über 30 Grad kamen wir an ein Strandbad. Alle wollten sich erfrischen. Ich war jedoch unsicher, ob ich es wagen könne, mich im Badeanzug zu zeigen? Für alle Fälle hatte ich mir am Morgen Badezeug eingepackt. Das Umziehen war wegen der Hitze mühsam, weil alles am Körper klebte.

Ich blieb sogar noch etwas länger wie alle anderen im Wasser, wobei ein paar Fotos von mir entstanden (Bild). Meine Bedenken waren somit völlig umsonst gewesen.

Im Starnberger See

Die Frauen-Radtour

Juli 2018: Ich hatte eine Radtour organisiert, an der zwei Freundinnen aus dem Fahrradclub teilnahmen. Wir fuhren am ersten Tag einschließlich Pausen acht Stunden lang auf dem Isar-Radweg zunächst durch München und weiter bis nach Landshut. Die notwendigen Hotelzimmer hatte ich in voraus unter meinem alten Namen mit der Bemerkung „für eine Gruppe Damen mit Fahrrädern" reserviert. Das Einchecken im Hotel verlief deswegen völlig entspannt.

Böse Blicke

Bevor wir in unseren Zimmern verschwanden, verabredeten wir uns zu einem Abendessen im Hotelrestaurant. Auf dem Zimmer tauschte ich nach dem Duschen und Erneuern meines Make-up die Sportkleidung gegen ein Sommerkleid. Bei meiner Ankunft im Restaurant erntete ich böse Blicke von meinen Mitradlerinnen. Sie saßen bereits in Sportkleidung am Tisch und ich kam in einem Kleid daher! Sie rügten mich, weil unter dem teilweise transparenten schwarzen Kleid mein weißer BH sichtbar war. Meine Ausrede, dass meine Packtaschen schon so voll gewesen wären, wurde nicht akzeptiert. Dann hätte ich auch das Kleid daheim lassen können.

Die Shopping-Tour

Für den zweiten Tag waren Besichtigungen und Shopping geplant. Ich bat meine zwei Damen, mich beim Einkaufen zu beraten. Wir waren in etlichen Boutiquen, aber ich konnte mich zu keinem Kauf entschließen. In einen Mode Shop war dann ein Armband aus bunten Perlen meine Liebe auf den ersten Blick. Ich ließ es mir gleich von der Verkäuferin anlegen. Sie erzählte dabei, dass es ganz besondere Perlen seien, die Dank der Körperwärme leuchten würden. Zum Abschluss des Tages besichtigten wir die Burg Trausnitz. Wieder zurück im Hotel zog ich mich für das Abendessen um. Dieses Mal erhielt ich sogar ein Lob für meine Kleidungswahl.

Warum so viele Mühe?

Am dritten Tag fuhren wir wieder heimwärts. Wir machten dabei in einem Münchner Biergarten eine Pause. Weil das Ende unserer Tour nahte, bat ich meine Mitradlerinnen um Manöverkritik. Sie akzeptieren mich in der Rolle als Frau, aber sie verstanden nicht, warum ich so viele Mühe auf mich nahm, um stets als perfekte Frau zu erscheinen. Für mich war es jedoch eine Selbstverständlichkeit.

Das Führungskräfteseminar

September 2018: Ich erhielt bereits vor Wochen von dem Transgender-Service, dessen Dienste ich bereits schon mehrmals in Anspruch genommen hatte, die folgende E-Mail: *„Liebe Claudia, wir haben vom Verein Common Purpose Deutschland eine Anfrage erhalten … es wäre doch sehr schön, wenn Du persönlich über deine Erfahrungen und Wünsche mit und an deine Mitmenschen berichtest. Bitte schreibe uns ob es für dich in Frage kommt."* Das war keine Frage für mich! Ich antwortete, dass ich gerne bereit sei, mit jedem darüber zu sprechen.

Sie kannten noch keine Transgender

Das vom Verein Common Purpose Deutschland[11] organisierte Treffen mit einer Gruppe von Führungskräften fand im Atelier des Transgender-Service statt. In der Vorstellungsrunde erfuhren wir, dass die Seminarteilnehmer aus den verschiedensten Bereichen kamen, von der Bank bis zur Polizei. Sie alle hatten bisher noch keine bewussten Begegnungen mit Transgendern. Sie kannten bestenfalls schrille Transvestiten, wie sie in Shows auftreten. Die Leiterin des Transgender-Service erzählte zunächst über sich, dass sie damals für ihren Start in das Berufsleben als Sozialpädagogin das Thema „Transgender und Transidentität" wählte und später die Leitung des Transgender-Service übernahm.

Auszeit als Mann

Sie erzählte des Weiteren einiges über die Beweggründe ihrer Gäste, zum Beispiel warum sich diese eine „Auszeit als Mann" nehmen. Von den Besuchern kam die Frage, ob es nicht hin und wieder Probleme geben würde, wenn sie mit den „Damen" in die Öffentlichkeit gehe, besonders weil es in der Stadt rechtsradikale Umtriebe gebe. Sie antwortete daraufhin, dass sie diesen Erscheinungen selbstverständlich aus dem Weg gehen würden. Aber die Mehrheit der Bürger sei tolerant und es hätte noch nie Probleme gegeben. Worauf ich ergänzte, dass ich dies aus eigener Erfahrung nur bestätigen könne.

---

11 „Common Purpose bietet Leadership-Programme, die Führungskräften und jungen Bewegern die Inspiration, Fähigkeiten und Kontakte vermitteln"

Mein Auftritt

Jetzt war es soweit, dass sich das Interesse auf mich richtete. Ich präsentierte mich als selbstsichere Frau und erzählte meine Lebensgeschichte in Kurzform: also, dass es mir bereits in die Wiege gelegt war und ich bereits im Kindergartenalter lieber ein Mädel gewesen sei. Nach dem Studium wollte ich weit weg von daheim, um meine Gefühle ausleben zu können. Dann aber aus Angst vor einem sozialen Abstieg die Entscheidung traf, ein normales Leben als Mann zu führen. Durch die Liebe zu meiner Frau konnte ich meine Gefühle unter Kontrolle halten. Bedingt durch beruflichen Stress und familiärer Probleme begannen meine Leiden. Ich suchte immer öfters Trost im heimlichen Frau-sein.

Dann mein erster Besuch beim Transgender-Service und meine ersten Erfahrungen als Frau in der Öffentlichkeit, mein lebensbedrohender Tumor, die Einsicht meine Transidentität nicht länger zu heimlichen, denn mir war bewusst geworden, dass das Unterdrücken meiner seelischen Bedürfnisse mich krank gemacht hatte.

Das positive Coming-out gegenüber meinen Kolleginnen und Kollegen, um potenzielle Probleme zu vermeiden, arbeitete ich trotzdem noch einige Monate weiter im Mann-Modus in der Firma.

In zwei Schubladen

Daraufhin sprachen wir über das „Dritte Geschlecht" und die Rolle der Kirchen. Es wurde darauf hingewiesen, dass es von Natur aus einen gleitenden Übergang zwischen den Geschlechtern gibt und es eigentlich keine Differenzierung geben dürfe. Bereits bei den Naturvölkern hat es schon immer Menschen zwischen den Geschlechtern gegeben. Sie wurden akzeptiert und hatten ihre festen Rollen in der Gemeinschaft. Erst unsere binären Gesellschaftsnormen verlangten, dass jeder Mensch in eine der zwei Schubladen passt.

Von den Sitzen gerissen

Die Zeit verging viel zu schnell. Es wären noch viele Themen zu diskutieren gewesen. Bei der Verabschiedung wünschte man mir alles Gute für die Zukunft und man bedankte sich für meine Offenheit. Am nächsten Tag erhielten wir ein Dankschreiben von der Organisatorin des Treffens: *„Sie und Claudia haben unsere Teilnehmer von den Sitzen gerissen! Die anderen Gruppen waren neidisch, dass sie nicht mit bei Ihnen vor Ort waren. Wir hatten noch sehr lebhafte Diskussionen über das Thema Geschlecht und Kommunikation im Alltag. Ich möchte mich bei Ihnen ganz, ganz herzlich bedanken!"*

Auf der Umweltdemo

Oktober 2018: In München wurde eine Umweltdemo mit dem Motto „Mia ham ´s satt!" veranstaltet. Ich hatte mich dazu wieder bereit erklärt, als Ordnerin mitzumachen, aber mich dieses Mal jedoch mit dem Namen „Claudia" angemeldet. Zu der Vorbesprechung wurde ich dann auch prompt mit *„Hallo, Du bist die Claudia"* begrüßt.

Es war ein Super-Event. Ich lief am Rande des Demo-Zugs, vorbei an vielen Zuschauern am Straßenrand. Dabei trug ich ein T-Shirt mit meinem persönlichen Motto *„The future is female"* (Bild).

Am festlichsten gekleidet

Oktober 2018: Eine Freundin hatte mir eine Eintrittskarte für eine Kabarett-Veranstaltung beschafft. Wir wollten uns dazu vor dem Eingang treffen. Während des Wartens hatten mich andere Bekannte entdeckt und riefen laut zu mir herüber *„Hallo Claudia"*. Alle Augen waren jetzt auf mich gerichtet. Ich hatte mich bereits schon vorher als zu auffällig gekleidet gefühlt, denn ich war offensichtlich am festlichs-

auf der Demo

ten gekleidet. Während der Pause kam mein Outfit zur Sprache. Meine Freundinnen versicherten mir, dass ich als Frau alles tragen dürfe.

Als Wählerin

Oktober 2018: Es waren Landtagswahlen in Bayern. Für mich war es eine Gelegenheit im Dirndl zur Wahlurne zu gehen. Mir war bewusst, dass ich so gekleidet alle Blicke auf mich lenken würde. Besonders spannend war jedoch die Frage, ob man mich ohne weiteres wählen lässt, wenn ich als Frau erscheine, obwohl ich mit einem männlichen Namen im Wählerverzeichnis registriert bin? Ich hatte für alle Fälle meinen Ergänzungsausweis griffbereit. Ich reichte der Wahlhelferin meine Wahlbenachrichtigung, sie fand meinen Namen im Verzeichnis und alles war gut. Nach meiner Stimmabgabe erntete ich für mein Dirndl ein nettes Lächeln und man wünschte mir einen schönen Tag.

Alles Männliche muss raus!

November 2018: An einem Wochenende hatte alles damit angefangen, dass ich Ordnung in mein Zimmer und Kleiderschrank bringen wollte. Ich hatte mir während der letzten Monate eine Unmenge an Damenkleidung gekauft und dafür keinen ausreichenden Platz mehr in den Schränken.

Ich entschloss mich, alle Männerkleidung aus den Schränken zu entfernen und in Pappschachteln zu verpacken. Dabei wurde ich mir bewusst, dass es weitreichende Konsequenzen für meinen weiteren Weg haben würde. Doch ich wollte mich zum konsequenten Frau-sein ohne „Hintertür" zwingen. Um es vorweg zu nehmen, ich habe die Pappschachteln nie wieder geöffnet und sie etwa ein halbes Jahr später zur Kleidersammlung des Roten Kreuz gefahren. Damit hatte ich mit meiner alten Rolle als Mann endgültig abgeschlossen.

Mein erster Tag en femme im Büro

Am Sonntagabend steigerte sich meine Nervosität ins Grenzenlose. Am nächsten Morgen würde ich nicht viel Zeit haben, um mir zu überlegen, was ich anziehe. Ich stand mindestens zwei Stunden lang vor dem Spiegel und habe dabei unzählige Hosen und Röcke mit Oberteilen kombiniert. Zuletzt noch die Frage, welche Schuhe passen dazu? Am Ende entschied ich mich für relativ unauffällige Kleidung (Bild).

Guten Morgen Claudia

Am Morgen benötigte ich zusätzliche Zeit für das Schminken und kam deswegen später wie üblich im Büro an. Ein Kollege war bereits schon da. Er begrüßte mich ohne weitere Bemerkungen wie selbstverständlich mit *„Guten Morgen Claudia"*. Der nächste etwas später kommende Kollege meinte bei meinem Anblick nur *„Oh Gott"*.

en femme im Büro

Im E-Mail-System tauschte ich mein Avatar gegen ein neues Bild, denn die Kolleginnen und Kollegen an den anderen Standorten sollten mich ebenfalls als Frau kennen lernen. Zum Schluss eines Telefongespräches erwähnte ich kurz, dass ich ab heute als Frau arbeite. Kaum hatte ich aufgelegt, rief er erneut an: *„Wie das denn jetzt mit meinen Unterschriften sei, ob sich dabei etwas ändern würde?"* Ich: *„Nein, da ändert sich erst einmal nichts, ich möchte lediglich als Claudia angesprochen werden."*

Mein Wandel hatte sich langsam in der Firma herumgesprochen. Ein Kollege kam gleich dreimal mit langem Hals am Büro vorbei, um mich zu sehen. Ich begegnete ihm später auf der Treppe, wobei ich es mir nicht verkneifen konnte ihm zu sagen, dass er mich jetzt vollständig anschauen könne.

Die Toilettenfrage

Es war an der Zeit, dass ich eine Runde durch die Firma machte, bevor alle Neugierigen in mein Büro kamen. Ich musste jedoch auch die Toilettenfrage[12] klären, denn ich würde mich nie wieder auf eine Herrentoilette trauen. Einige Kolleginnen in meiner Etage hatten mir bereits indirekt zu verstehen gegeben, dass sie es als kritisch sehen,

---

12 Gemäß einer Umfrage unter Trans*Personen vermieden 15 % die Toilettenbenutzung am Arbeitsplatz, 4 % benutzten Behindertentoiletten, 19 % wurden aufgefordert, die Toilette ihres Geburtsgeschlechts oder die Behindertentoilette zu benutzen, was einer Diskriminierung gleichkommt.

wenn ich „IHRE" Toilette benutzen würde. Die Kollegin im Empfang beglückwünschte mich zu meiner Entscheidung, als Frau zu leben und zu arbeiten. Sie gab mir den Tipp, dass ich jederzeit die Gästetoilette im Eingangsbereich benutzen könne.

Die „neue" Kollegin

Während meines Rundgangs durch die Firma habe ich mich unter anderem beim Betriebsrat und in der Personalabteilung als „neue" Kollegin vorgestellt. Überall sorgte ich damit für eine große Überraschung. Aber mir wurde stets Freundlichkeit und Verständnis entgegengebracht. Und eine Kollegin aus der Personalabteilung machte mir wegen meiner Kleidungswahl sogar ein Kompliment.

Zur Mittagszeit war es üblich, dass wir in Gruppen zu der außerhalb gelegenen Großkantine gingen. Ich fiel dabei zwangsläufig als neue Kollegin auf. Man wollte mehrmals von mir wissen, wie ich denn jetzt anzusprechen sei? *„Einfach als Claudia"*. Dabei wurde mir oft das *„Du"* angeboten. Ich kam zurück vom Mittagessen, als sich im Empfang zwei Kolleginnen unterhielten. Ich stellte mich dazu und wurde sofort von ihnen angestrahlt. Sie fanden es ganz toll, dass ich das jetzt mache. Sie hätten es auch schon früher gewusst. Ich bat sie um ihre Meinung zu meinem Outfit. *„Toll, es passt."* *„Danke!"* Den Rock hätte ich erst vor einigen Tagen in München gesehen, ich musste ihn unbedingt haben. *„Ja, dass kennen wir"*. Viele Kolleginnen hatten mich sofort ins Herz geschlossen. Es passierten kleine nette Gesten wie zum Beispiel, dass sie mir beim Feierabend total lieb zu winkten. In der Teeküche traf ich einen Kollegen aus einem anderen Büro. Er lächelte mich an und gratulierte mir zu meinem Mut. Weiter sagte er: *„Man sieht es Ihnen an, dass Sie glücklich sind"*. Ich bedankte mich. Er interessierte sich für den Grund meiner Wandlung. Ein Mal sprach mich eine Kollegin an, dass ich meine Augen zu machen sollte. Sie ist eine liebe, aber sehr direkte Person, so dass mich ihr Wunsch nicht weiter überraschte. Sie wollte mein Make-up genauer ansehen und meinte anschließend: *„Da müssen wir noch viel üben"*.

Haben schon über mich gesprochen

Zwei junge Kolleginnen sprachen mich an, dass sie es toll fänden. Ob sie mich jetzt als *„Frau Redeker"* ansprechen dürfen. Ja, das dürfen sie, aber mir wäre es lieber, wenn sie mich einfach mit „*Claudia*" ansprechen würden. Sie erzählten mir, dass sie bereits auch daheim in ihren Familien über mich gesprochen hätten. Sie hörten interessiert zu, wenn ich ihnen etwas über Transidentität erzählte.

Mit Erstaunen hatte ich entdeckt, dass das Namensschild vor meinem Büro auf den Namen „*Claudia*" geändert worden war. Auch von der Personalabteilung wurde ich mit „*Claudia*" angeredet, obwohl rechtlich noch immer mein alter Name galt. Allerdings weigerte sich die IT-Abteilung hartnäckig, mir eine E-Mail-Adresse mit meinem neuen Namen einzurichten. Erst Monate später nach meiner Namens- und Personenstandänderung konnten sie es nicht mehr verweigern.

Ein ehemaliger Kollege ist jetzt eine Frau

Mein Coming-out in der Firma lag einen Tag hinter mir. Ich war sehr überrascht, als ich bereits die erste E-Mail von außerhalb der Firma erhielt, die mit der Anrede „*Sehr geehrte Frau Redeker*" begann. Die Absenderin gab sich damit zu erkennen, dass sie bis vor einigen Jahren als Mann in der Firma gearbeitet und sich kürzlich einer geschlechtsangleichenden Operation unterzogen hatte. Jetzt war ich erst recht überrascht. Sie sandte mir zwei Fotos. Das erste Foto zeigte sie vor Jahren als Mann beim Abschied aus der Firma und das zweite Foto heute als Frau. Wir nahmen Kontakt auf und verabredeten uns zu einem Treffen in München. Wir verstanden uns auf Anhieb bestens und hatten uns viel zu erzählen. Sie machte auf mich den Eindruck einer glücklichen und völlig lässigen Frau. Sie hat ganz offensichtlich viel Freude in ihrer neuen Rolle als Frau und ist stets zu kleinen Späßen aufgelegt. Lachen musste ich, als sie erzählte, dass eine Toilettenfrau sie auf die Männertoilette verweisen wollte, sie habe daraufhin einfach ihr Shirt angehoben und die nackten Brüste gezeigt. Die Toilettenfrau habe dann nichts mehr zu sagen gewusst.

Ein glücklicher Arztbesuch

November 2018: Sich als Transfrau ärztlich untersuchen lassen, ist zunächst ein spannendes Thema. Vor allem, wenn die Versicherungskarte einen noch als Mann ausweist. Ich befürchtete zum Beispiel, dass ich im Wartezimmer mit „*Herr*" aufgerufen würde. Aufgrund meines ehemaligen Tumors musste ich mich wieder einmal von einem

Urologen untersuchen lassen. Es war für mich keine Frage, dass ich ab jetzt auch dort en femme erscheine.

Änderte meinen Namen

In der Anmeldung der Arztpraxis überreichte ich der Arzthelferin neben meiner Versichertenkarte zusätzlich auch meinen Ergänzungsausweis. Sie schaute sich den Ausweis kurz an und änderte kurzerhand wortlos meinen Namen in der Patientenakte. Dann führte sie mich in ein Sprechzimmer, so dass ich nicht ins Wartezimmer musste. Einen Moment später kam der Arzt mit einem großen Hallo ins Sprechzimmer. Er begrüßte mich als „Frau Redeker". Gerade so, als wenn es nie anders gewesen sei. Dann meinte er, dass es bei mir aber schnell mit der Personenstandänderung gegangen sei. Ich habe ihn dann aufgeklärt, dass ich zwar als Frau lebe, aber rechtlich noch immer „der Alte" bin.

Nicht die einzige Transsexuelle

Er fand es super, dass ich so konsequent als Frau lebe. Es interessierte ihm, wie es mir dabei in diversen Situationen ergehen würde. Er erzählte mir, dass ich nicht die einzige transsexuelle Patientin sei. Damit wurde mir bewusst, warum ich in der Arztpraxis so unproblematisch als Transfrau behandelt wurde. Die Untersuchung verlief positiv, mein Arzt fand keine Anzeichen für einen neuen Tumor! Ich hätte meinen Arzt deswegen am liebsten vor Freude umarmt, ganz besonders aber, weil er beim Abschied das Wort *„Frau"* ausdrücklich betonte.

Willst Du dich operieren lassen?

Einige Monate später war ich wegen einer weiteren Nachuntersuchung bei dem Urologen. Ich musste mich dazu unterhalb der Gürtellinie frei machen. Während er mich untersuchte stellte er die Frage: *„Willst Du dich operieren lassen?"* Meine Antwort: *„Nein, ich bin froh gesund zu sein!"* Ich würde vielleicht über eine GaOP[13] nachdenken, wenn ich nicht die lebensbedrohende Erfahrung des Tumors gehabt hätte. Unter diesen Bedingungen möchte ich keine Risiken eingehen.

---

13 GaOP = Geschlechtsangleichende OP, wird fälschlicherweise oft als Geschlechtsumwandlung bezeichnet

In die „Röhre"

Es war zusätzlich eine CT-Untersuchung notwendig. Im Röntgenzentrum angekommen wurde ich von Anfang an als Frau angesprochen, denn mein Arzt hatte dankenswerterweise auf der Überweisung den Namen „Claudia" notiert. Zunächst hatte ich den obligatorischen Fragebogen auszufüllen. Die Frage nach dem Geschlecht beantwortete ich mit „divers". Dann war es so weit. Eine Arzthelferin leitete mich zu einer Umkleidekabine und checkte mich ab. Ob ich einen BH trage, war ihre erste Frage. Ich hob meinen Pullover hoch, damit sie mein BH-Hemdchen sehen konnte, welches keine metallischen Teile besaß. Ich musste nur meine Stiefeletten und meinen Schmuck ablegen, wobei sie mir half mein Halskettchen zu öffnen.

Jetzt sollte ich mich auf die Liege der CT-Maschine legen. Es wurde eine Kanüle in meine Armvene gesteckt, über die während der Untersuchung ein Kontrastmittel injiziert wurde. Dann war ich alleine im Raum. Ich wurde durch die Maschine gefahren, wobei ich Anweisungen wie *„Luft anhalten"* befolgen musste. Nach wenigen Minuten war alles erledigt. Ich sollte noch etwas liegen bleiben, bis die Kanüle wieder entfernt wurde. Anschließend sollte ich in den Wartebereich gehen, um dort auf das Untersuchungsergebnis zu warten.

Nach ein paar Minuten rief mich eine Ärztin auf. In ihrem Sprechzimmer sah ich auf einem Bildschirm bereits einen Querschnitt durch meinen Oberkörper, einschließlich meiner Brustprothesen. Die Ärztin erklärte mir das Untersuchungsergebnis: kein Befund! Ich bedankte mich für die angenehme Untersuchung. Sie überreichte mir eine DVD, die ich daheim sofort in meinen PC legte. Damit konnte ich Schritt für Schritt durch meinen Körper „fahren" und meine Organe identifizieren.

„Frau" bitte!

Der zweite Arzttermin des Tages fand in einer großen Hautarzt-Praxis statt. Oh mein Gott! In der Anmeldung warteten schrecklich viele Patienten. Das konnte dauern. Aber ich konnte wider Erwarten bis zur Anmeldung vorgehen. Wie üblich wurde zunächst meine Versichertenkarte verlangt. Ich erklärte, dass sie leider noch auf meinem alten Namen laute und zeigte zusätzlich meinen Ergänzungsausweis. Darauf erhielt ich die schnippische Antwort *„Kein Problem Herr Rede-*

ker, *solange Sie keine richtige Frau sind, ändert sich auch ihr Name nicht"*, wobei sie das *„Herr"* laut betonte. Ich darauf: *„FRAU bitte!"*

Bevor es zu einem Streit gekommen wäre, kam glücklicherweise eine zweite Arzthelferin hinzu. Sie führte mich in ein Behandlungszimmer. Die Ärztin kam auch sofort. Ich erklärte ihr den Grund meines Besuches: ein Problem mit einem meiner Zehennägel. Er würde nicht mehr wachsen. Mir wäre es besonders aufgefallen, seitdem ich mir meine Fußnägel lackiere. Wie zu erwarten, wollte sie sich meinen Fuß ansehen. Dummerweise hatte ich am Morgen nicht daran gedacht und eine Strumpfhose angezogen. Jetzt musste ich sie mir im Angesicht von Ärztin und Arzthelferin ausziehen.

Nach der Untersuchung verschrieb mir die Ärztin mehrere Medikamente, wobei wir auch kurz über meine Transidentität redeten. Die Ärztin zeigte sich dabei sehr verständnisvoll.

Das Forum

November 2018: Ich hatte mich mit viel Mut und Selbstvertrauen zu einem verkehrspolitischen Forum in Weimar angemeldet. Es wurden dazu fast hundert Teilnehmende erwartet. Es sollte das erste Mal sein, dass ich in einem so großen Kreis en femme auftrat. Wie würde ich akzeptiert werden?

Ich kam am Freitagnachmittag im Hotel an, wo ich an der Rezeption wie selbstverständlich als Frau angesprochen wurde, was aber immer noch etwas ungewohnt in meinen Ohren klang. Ich ging kurz aufs Zimmer, um mein Make-up aufzufrischen und mich umzuziehen. Anschließend ein längerer Spaziergang zum Tagungszentrum, wo ich eine Teilnehmermappe und mein Namensschild erhielt. Im Anschluss an das Abendessen fand eine Begrüßungsveranstaltung mit Grußworten aus der Politik statt.

Hier bist du richtig

Danach wurde es spannend, denn ich hatte eine Einladung zu einem „Kamingespräch für Frauen" erhalten. Mit einem etwas flauen Bauchgefühl suchte ich den entsprechenden Raum auf. Als ich meinen Kopf vorsichtig durch die Tür steckte, saßen bereits etwa zwanzig Frauen in der Runde: *„Komm herein, hier bist du richtig!"* Sie vergrößerten den Kreis, so dass ich mich dazwischen setzen konnte. Wir sollten uns zunächst vorstellen. Au weh! Was sollte ich sagen? Meine Stimme wird meine wahre Identität verraten! Ich entschied mich für eine humorvolle Vorstellung: *„Ich bin die Claudia und wahrscheinlich die jüngste Frau in dieser Runde, denn ich habe mich erst vor etwa einem Jahr dazu entschlossen, als Frau zu leben."* Ich bekam Beifall und war damit akzeptiert.

Viel Interesse

Während der folgenden Tage nahm ich an diversen Workshops teil. Am Abend des zweiten Tages trafen wir uns zu einem gemeinsamen Abendessen in einer Brauereigaststätte. Ich konnte nicht widerstehen, mich dazu ganz besonders feminin zu kleiden. Während des Abends blieb es nicht aus, dass innerhalb der Tischrunde meine Transidentität zur Sprache kam, wobei meine Erläuterungen viel Interesse fanden. Zum Abschluss des Abends lag ein etwa halbstündiger Fußweg in der Dunkelheit bis zum Hotel vor mir. Ein Tischnachbar erklärte sich bereit, mich dabei zu begleiten.

Die Weihnachtsfeier

Dezember 2018: Ich freute mich auf die Weihnachtsfeier in der Firma, denn es war eine Gelegenheit, um mich besonders feierlich zu kleiden. Also so, wie in Bayern üblich, im langen Dirndl. Alle Kolleginnen und Kollegen sollten sehen, wie gut ich mich in meiner neuen Rolle fühle. „Dank" des eng sitzenden Dirndls konnte ich das Weihnachtsessen nicht ganz schaffen. Aber das war mittlerweile normal für mich, denn seitdem ich als Frau lebe, achte ich viel mehr auf meine Gesundheit.

Nicht zu kokett auftreten

Dezember 2018: Ich hatte ein erstes Personalgespräch in der Rolle als Frau mit meinem Fachvorgesetzten. Da wir an unterschiedlichen Standorten arbeiteten, hatte er meine Wandlung bisher nur aus der Ferne verfolgen können. Er hatte Bedenken, ob ich meine Aufgaben als Auditorin auch weiterhin problemlos erfüllen könne weil er befürchtete, dass ich nicht von allen Gesprächspartnern akzeptiert werden könnte. Aber ich konnte seine Bedenken nicht teilen, denn meine Erfahrung war, dass ich seit meiner Wandlung viel mehr respektiert wurde, wie jemals zuvor. Ich war jetzt in der Firma eine besondere Persönlichkeit, was schon alleine für viel Respekt sorgte.

Er bat mich zum Schluss, nicht zu kokett aufzutreten. Ich zeigte im daraufhin ein Bild von mir im Business Outfit, was ihm dann ein „*wow*" entlockte.

Der neue Job

Dezember 2018: Der Arbeitsvertrag meines bisherigen Berufes endete, aber er wurde als Teilzeit-Arbeitsvertrag verlängert, so dass ich die Chance hatte einen interessanten Zweitjob antreten zu können. Der neue Job war mir bereits vor längerer Zeit noch als Mann angeboten worden. In meiner Anfrage, ob die Stelle weiterhin frei sei, erklärte ich, dass ich in-

Business Outfit

zwischen als Frau lebe und auch so arbeiten möchte.

Kein Grund gegen meine Bewerbung

In der Antwort beglückwünschte man mich für meinen Wandel und es wäre selbstverständlich kein Grund, der gegen meine Bewerbung sprechen würde. Während des Vorstellungsgespräches wurde mir eine lange Liste mit potenziellen Aufgaben vorgelegt. Dazu zählten unter anderem öffentliche Auftritte und die Mitarbeit in einem Frauennetzwerk. Ich konnte es zunächst nicht glauben, aber es war wirklich ernst gemeint und somit ein Zeichen dafür, dass ich in meiner neuen Rolle ernst genommen wurde. Einige Tage später war bereits mein erster Arbeitstag in München.

Du bist nicht allein

Vor Antritt der Stelle sandte mir meine Teamleiterin eine E-Mail mit dem folgenden Inhalt: „*Liebe Claudia, du bist nicht allein – einer unserer langjährigen Ansprechpartner für Verkehrspolitik bei den Grünen lebt jetzt auch offen als Frau.*" Anbei war ein Link zu einem Bericht über

Tessa Ganserer[14]. Jetzt wurde mir bewusst, warum man mir gegenüber keine Vorbehalte hatte.

Keine Lügen mehr

Ende 2018: Meine Mutter war die einzige nahestehende Person, die bisher noch nichts von meinem neuen Leben als Frau wusste. Aufgrund der großen Entfernung zwischen uns sahen wir uns oft nur einmal pro Jahr. Und am Telefon wollte ich ihr nicht unbedingt die volle Wahrheit über mich berichten. Fast alle Verwandten und Bekannten wussten mittlerweile von meiner Wandlung. Es bestand deshalb die Gefahr, dass meine Mutter über Dritte die Wahrheit über mich erfuhr. Ich wollte sie deswegen nicht länger belügen.

Viel Aufregung um nichts

Um meinen Vorsatz endlich in die Tat umzusetzen reservierte ich mir eine Bahnfahrt. Ich wollte zur Weihnachtszeit möglichst lange bei meiner Mutter sein und ihr während dieser Zeit behutsam die Wahrheit über mich erklären. Dabei sollte sie erkennen, dass es mir heute besser denn je geht. Einige Wochen davor hatte ich mein Coming-out gegenüber meinen Schwestern. Dabei erwähnte ich, dass ich demnächst meine Mutter besuchen und ihr gegenüber nichts mehr verheimlichen wolle. Diese Ankündigung sorgte für panisches Entsetzen. Ich musste mir anhören, dass ich egoistisch sei, weil ich nur an mich denken würde. Und wenn meine Mutter es nicht verkraften würde, dann sei ich wieder weit weg.

Hätte es schon viel früher sagen können

Einige Tage später konnte ich mich nur noch wundern, denn meine Schwestern hatten meine Mutter vorsorglich über mich aufgeklärt und sie hätte es problemlos verstanden. Ich rief daraufhin meine Mutter an. Wir unterhielten uns zunächst eine ganze Weile lang über an-

---

14 Tessa Ganserer sitzt seit 2013 für die Grünen im Bayerischen Landtag. Im Oktober 2018 war sie noch unter dem Namen Markus Ganserer als Mann in den Bayerischen Landtag gewählt worden. Ende 2018 hatte sie öffentlich erklärt, sich seit Jahren als Frau zu fühlen – und deshalb künftig auch als Frau leben zu wollen. Dieses „Coming-out" sei „emotional für mich sehr anstrengend". Zwar könne sie das öffentliche Interesse an der ersten Geschlechtsänderung eines aktiven Parlamentariers in Deutschland verstehen. Es wäre ihr aber lieber, wenn es eine ganz normale Sache wäre. https://www.tessa-ganserer.de/

dere Themen, bevor sie das Thema auf meine Wandlung brachte. Sie sagte, dass ich es ihr schon viel früher hätte sagen können. Sie sagte dies völlig entspannt, gerade so, als wenn es nur eine Nebensache sei. Mir fiel ein Stein vom Herzen. Alle Aufregungen waren völlig umsonst gewesen.

Die „neue Tochter"

Fünf Tage vor Weihnachten trat ich die Reise zu meiner Mutter en femme an. Die Bahnfahrt war chaotisch, es waren Züge ausgefallen, so dass ich viel später wie angekündigt ankam. Meine Mutter und meine jüngste Schwester warteten bereits auf mich. Ich umarmte meine Mutter zur Begrüßung ganz fest, bevor sie ihre „neue Tochter" vollständig anschauen konnte. Ich war echt überrascht, denn meine Mutter behandelte mich von Anfang an wie eine Tochter. Nur fiel es ihr zunächst schwer, sich an meinen neuen Namen zu gewöhnen, auch machte sie sich Sorgen um meine Kleidung. Ich solle mich immer warm genug anziehen und sie betonte dabei, dass andere Frauen auch keine Röcke anziehen. Sie nähte mir unter anderem sogar die Knöpfe an meinem Mantel neu an, schenkte mir ein paar schöne Ohrclips sowie eine modische Feinstrumpfhose. Sie machte den Vorschlag, dass wir zu einem Mode Outlet fahren könnten, um mir passendere Kleidung zu kaufen. Auch zeigte Sie mir die „Schätze" in ihrem Kleiderschrank.

Einmal wurde sie kurz traurig und stellte die Frage, warum so etwas in unserer Familie passieren muss? Ich versuchte ihr zu erklären, was Transidentität bedeutet. Es sei die Natur, die mich hatte so werden lassen. Sie müsse deswegen keine Schuldgefühle haben.

Frohe Weihnachten

Das zuvor stark angespannte Verhältnis zu meinen Schwestern hatte sich in Luft aufgelöst. Meine älteste Schwester lud mich zum Abendessen in ihre Wohnung ein, wobei wir keine Sekunde lang über den Stress der letzten Tage redeten. Heilig Abend verbrachten wir bei meiner jüngsten Schwester und ihrer Familie. Sie schenkte mir einiges, was „Frau" immer gebrauchen kann. Die größte Überraschung war ein Geschenk von einer meiner Nichten, es war mit einer Christbaumkugel verziert, auf dem der Name „Claudia" stand. Es zeigte mir, dass ich in der gesamten Familie angekommen war.

Weihnachten war vorbei und ich musste wieder heimfahren. Die Fahrt mit der Bahn verlief dieses Mal problemlos. Wieder daheim angekommen rief ich gleich meine Mutter an, um mich für die schönen Tage zu bedanken. Auch sie bedankte sich bei mir für meinen Besuch, wobei sie mich ausdrücklich mit dem Namen „Claudia" ansprach. Ich denke, dass sich meine Mutter auch ein wenig über ihre „neue Tochter" freute. Sicherlich hatte sie verstanden, dass ich heute glücklicher bin und gesünder lebe.

Fernsehtipps

Wenige Tage später rief mich meine Mutter an, um mich darauf hinzuweisen, dass im Fernsehen eine Dokumentation über Transgender gezeigt würde. Offensichtlich hatte sie sich mit dem Thema ernsthaft auseinandersetzt und interessierte sich jetzt für alles, was damit zusammenhängt.

Die neuen Nachbarn und ihr Freund

Januar 2019: Neue Nachbarn waren eingezogen. Sie standen bereits mehrmals mit der Bitte vor meiner Haustür, dass ich ihnen mit diesem und jenem aushelfen könne, denn es war Sonntag und die Geschäfte waren geschlossen. Gerne!

Frau-zu-Mann Transgender

Irgendwann stand auch ein Freund der neuen Nachbarn vor meiner Haustür. Ich merkte schnell, dass er eigentlich nur das Gespräch mit mir suchte. Er kam schnell zur Sache, indem er mir die typischen OP-Narben eines Frau-zu-Mann Transgender an seinem Arm zeigte. Ich war echt überrascht. Ich hatte es ihm aufgrund des Barts und der tiefen Stimme nicht angesehen. Wir verstanden uns augenblicklich bestens und sind heute befreundet.

Kurze Zeit läutete es wieder an meiner Tür. Meine neue Nachbarin stand mit einem Teller voller Kuchen vor der Tür, als Dankeschön für meine Hilfe. Später erzählten mir meine Nachbarn, dass ihr Bekannter mich sofort als Transgender erkannt hätte und sie gebeten hatte, ob er mit Claudia sprechen dürfe. Auch meine neuen Nachbarn hatten von

Anfang an mir gegenüber keine „Berührungsängste" und sind heute meine besten Freunde.

In der Zeitung

Januar 2019: Beim Durchblättern der Vereinszeitung stutzte ich, denn sie enthielt ein Bild, auf dem ich deutlich zu erkennen war. Der Bericht handelte vom Workshop des Frauennetzwerkes, an dem ich vor einigen Tagen teilgenommen hatte. Vor dem Termin war ich noch verunsichert, ob und wie ich als Transgender bei einem Frauentreffen akzeptiert würde? Meine Bedenken erwiesen sich als unbegründet, denn ich war nicht die erste Transfrau im Bewusstsein der meisten Teilnehmerinnen. Man sprach mich auch darauf an, ob ich Tessa Ganserer aus Nürnberg kenne, die Abgeordnete, die im Bayerischen Landtag ihr Coming-out als Transgender hatte? Wer kennt sie nicht!

Mein erster Vortrag en femme

Januar 2019: Noch vor nicht allzu langer Zeit hätte mich alleine der Gedanke einen Vortrag vor einem größeren Publikum zu halten, in panische Angst versetzt. Doch jetzt hatte ich mich dazu überreden lassen, dass ich erstmalig einen Vortrag in meiner Rolle als Frau halte. Ich betrachtete es als eine Chance mein Selbstbewusstsein zu stärken. Es wurde ein Saal reserviert, Plakate gedruckt sowie Ankündigungen in Zeitungen und im Internet veröffentlicht. Überall war zu lesen: „Ein Vortrag von Claudia Redeker".

Frau mit tiefer Stimme

Ich habe mich wochenlang darauf vorbereitet. Zunächst machte ich mir Sorgen wegen meiner Stimme und hatte deswegen mit einer Lautsprecheranlage experimentiert. Ich kam jedoch schnell zu der Überzeugung, dass es das Beste wäre, wenn ich völlig natürlich spreche. Ich bin nun einmal eine Frau mit einer etwas tieferen Stimme und warum sollte ich nicht dazu stehen? Alles andere würde nur unnötige Aufmerksamkeit erregen.

Der Abend meines Vortrags war gekommen. Ich hatte tagsüber gearbeitet und musste zunächst mein Make-up erneuern. Dann die Frage, was könnte ich anziehen, um möglichst weiblich zu erscheinen? Meine Wahl fiel auf einen knielangen Rock, eine leicht transparente

Bluse, ein gemusterter Blazer und Pumps. Meine roten Fingernägel, eine bunte Halskette und Ohrclips rundeten mein Outfit ab. Ich kam etwa eine dreiviertel Stunde vor Beginn meines Vortrags im Saal der Gaststätte an. Eine Handvoll Zuschauer hatte sich schon eingefunden. Die Bedienung kannte mich bereits: *„Apfelschorle?"* Ich: *„Ja, und bitte Schweinswürste mit Kraut"*. Dabei erwähnte ich, dass ich an diesem Abend die *„Show-Meisterin"* sei. Sie lachte. Ich begann die Technik aufzubauen.

Kein Durchkommen mehr

Fertig! Der Beamer warf das Titelbild meines Vortrags an die Wand und leise Musik ertönte. Mein Abendessen stand jetzt auch vor mir. Endlich hatte ich Zeit in die Runde zu schauen. Es war der Wahnsinn, welch großes Interesse mein Vortrag gefunden hatte! Die jetzt noch ankommenden Gäste fanden nur mit Mühe einen freien Platz. Unter den Besuchern entdeckte ich auch einige mir von früher her bekannte Gesichter. Ob die mich wohl in meiner neuen Rolle wiedererkennen? Jetzt war es 20 Uhr. Es war fast kein Durchkommen mehr im Saal und die Bedienung war immer noch damit beschäftigt, die bestellten Getränke zu verteilen. Die Gäste wurden begrüßt, mein Vortrag angekündigt und das Licht verdunkelt.

The Show must go on!

Ich hatte soeben mit meinem Vortrag angefangen, als der erste Zwischenruf kam, die Musik sei zu laut. Ich stellte sie widerwillig leiser. Das hatte aber auch für mich den Vorteil, dass ich jetzt auch leiser sprechen konnte.

Wo sind die Frauen?

Irgendwann kam der Zwischenruf: *„Wo sind die Frauen?"* Ich habe mich davon nicht aus dem Konzept bringen lassen. Erst später wurde mir bewusst, dass ich in alter Gewohnheit ständig von *„wir"* sprach. Aber auf den Bildern waren keine Frauen, sondern auch ich in meiner alten männlichen Rolle zu sehen.

Viel Beifall

Mein Vortrag endete nach etwa zwei Stunden. Als das Licht wieder aufgehellt wurde stellte ich mich vor die Leinwand und erhielt viel Beifall. Einige Gäste kamen sogar vor, um sich persönlich bei mir zu bedanken. Wahrscheinlich war ihnen bewusst, dass es meine Premiere als Frau vor einem großen Publikum war. Es war ein wunderschönes Gefühl so viel Applaus zu erhalten.

Das Bild zeigt mich einige Monate später bei einem weiteren Vortrag.

Keine Perücke mehr

April 2019: Seit Wochen hatte ich die Entscheidung vor mir hergeschoben, wie es mit meinen Haaren weitergehen soll. Ich hatte meine Haare seit langer Zeit nicht mehr schneiden lassen, so dass sie bereits wieder unter der Perücke herausschauten. Doch irgendwann wollte ich ganz ohne Perücke auskommen und in einigen Wochen wollte ich an einer langen Fahrradtour teilnehmen, wobei sich Perücke und Fahrradhelm nicht vertragen würden. Kurzum, es war Zeit, dass ich meine natürlichen Haare im gleichen Farbton wie die meiner Perücken färben ließ.

Nach Eintritt in den Friseursalon kam eine Friseuse mit der Frage auf mich zu, was mein Wunsch sei. *„Ich möchte mir meine Haare färben lassen, wie viel würde es kosten?"* *„Etwa 100€"*. Ich schluckte. *„Ja, okay"*. Sie führte mich zu einem Platz, ich nahm meine Perücke ab und erklärte, dass meine eigenen Haare den gleichen Farbton wie die Perücke haben sollen. Sie holte ein Musterbuch mit vielen verschiedenfarbigen Haarsträhnen. Wir hielten meine Perücke daneben und fanden einen passenden Farbton. Die Friseuse ging in den Nebenraum und mischte das Haarfärbemittel.

Nun begann sie Haarsträhne für Haarsträhne mit dem Färbemittel zu bearbeiten. Als alle Haare eingeschmiert waren, wurde für eine halbe Stunde lang eine Wärmehaube über meinen Kopf positioniert. Ich erhielt eine Tasse Kaffee und langweilte mich.

Endlich piepste die Wärmehaube. Das Färbemittel wurde jetzt aus den Haaren gewaschen. Anschließend die Frage, ob ich mir auch meine Augenbrauen färben lassen wolle? Ja gerne, das sei ein Versuch wert. Nach weiteren 10 Minuten war auch das erledigt.

Meine Haare wurden trockengeföhnt und frisiert. Eigentlich war es zu schade, dass ich wieder meine Perücke drüber setzte. Aber jetzt durften meine Haare unter der Perücke herausschauen.

Die Bewährungsprobe

Ich war seit Monaten in meiner neuen Rolle als Frau glücklich, aber noch unsicher, ob ich die nächsten Schritte auf meinem Weg wagen dürfe. Würde ich auch unter extremen Bedingungen in der Rolle bestehen? Würde mein Passing ausreichend sein, um stets als Frau akzeptiert zu werden und würde ich auf Reisen keiner Diskriminierung ausgesetzt sein?

1000 km mit dem Fahrrad

Mai 2019: Wir, eine Handvoll Radfahrerinnen und Radfahrer fuhren mit den Fahrrädern zu den Feierlichkeiten in die über 1000 Kilometer weit entfernte Französische Partnerstadt.

Für mich sollte es eine Bewährungsprobe in der Rolle als Frau sein. Dabei musste ich über zwei Wochen lang mit einem Minimum an Kleidung und Kosmetik auskommen, jeden Tag in einem anderen Hotel übernachten und ständig in der Öffentlichkeit sein.

Lieber im Hotel

Bei derartigen deutsch-französischen Begegnungen ist es üblich, dass in Gastfamilien übernachtet wird. Ich hatte jedoch darum gebeten, in einem Hotel übernachten zu können. Dies führte zunächst seitens der französischen Gastgeber zu Unverständnis. Ich habe deshalb erklären müssen, dass ich als Transgender meine Gastgeber nicht verunsichern möchte. Im Nachhinein erwiesen sich meine Bedenken jedoch als unbegründet, denn ich wurde immer und überall ohne Wenn und Aber akzeptiert.

Kühles Wetter und Dauerregen

Beim Start unserer Radtour wurden wir vom Bürgermeister und der lokalen Presse verabschiedet. Bereits am sechsten Tag lagen mehr als 400 der insgesamt 1000 Kilometer hinter uns.

Wir kamen im Allgäu an einem Sportmoden Outlet vorbei, wo ich mir wegen des kühlen Wetters ein Top kaufte um es als Unterhemd anzuziehen. Dabei konnte ich nicht widerstehen, mir auch ein schönes weißes Shirt mit Spitzeneinsatz zu kaufen.

Weiter führte uns unsere Reise am Bodensee entlang, doch bei der Temperatur von etwa fünf Grad war nicht an ein Bad zu denken. In Konstanz und am Rheinfall von Schaffhausen gingen wir in den Touristen-Massen unter.

Eine Etappe mussten wir im Dauerregen zurücklegen. Ich war am Abend völlig durchnässt und meine Schuhe standen voll mit Wasser, so dass ich sie im Hotelzimmer mit einem Föhn trocknen musste.

Besser mit Perücke

Wir hatten endlich wunderschönes Wetter, so dass ich nur mit kurzer Hose und Trikot fahren konnte. Am Kopf nur ein Stirnband, was sich jedoch als ein Fehler erwies, denn am Abend hatte ich einen leichten Sonnenbrand auf der Kopfhaut, weil meine Haare zu dünn waren. An den folgenden Tagen fuhr ich dann lieber mit einer Perücke.

Bericht in der Zeitung

Wir näherten uns unserem Ziel in Frankreich mit großem Medieninteresse. Unterwegs hielten wir per Handy ein Interview und machten dazu ein Gruppenfoto, auf dem ich im Vordergrund als sportliche Radlerin zu sehen war. Ein paar Tage später erschien der Bericht samt Foto in der heimatlichen Zeitung. Ich hatte allen Grund stolz zu sein.

„Madame"

Am Abend hatte ich die Gelegenheit mein rotes Sommerkleid zum Essen anzuziehen. Meine Begleiterinnen kommentierten dies mit: *„Claudia, du hast dich wieder so schick gemacht"*. Ich habe es genossen, wenn ich im Restaurant von der Bedienung mit *„Madame"* angesprochen wurde.

Der Ergänzungsausweis war ausreichend

Wir waren zwei Wochen lang jeden Tag in einem anderen Hotel. Beim Check-in habe ich stets „Claudia" als Vornamen angegeben. Nur einmal verlangte man unsere Ausweise. Ich habe einfach nur meinen Ergänzungsausweis vorgelegt, der dann aber nicht weiter beachtet wurde. Es reichte offensichtlich, dass der Ausweis einen offiziellen Eindruck machte und das Bild mich als Frau mit langen Haaren zeigte. Mein normaler Ausweis hätte wahrscheinlich zu Rückfragen geführt.

Shopping in Frankreich

Wir legten kurz vor unserem Ziel einen Ruhetag ein. Dabei stellte sich mir die Frage, was kann man in einer fremden Stadt anderes tun, als sich die Sehenswürdigkeiten ansehen und Shopping gehen? Die französischen Mode Shops hatten mich besonders interessiert. Ich hatte zunächst Bedenken, weil ich so gut wie kein Französisch spreche und mich deshalb nicht mit den Verkäuferinnen unterhalten könnte. Und mit Englisch kommt man in Frankreich auch nicht viel weiter.

Dann entdeckte ich in einer Boutique einen wunderschönen rotschwarzen Plissee-Rock. Es war Liebe auf den ersten Blick. Weil die französischen Größenangaben abweichend von unseren sind, musste ich ihn unbedingt anprobieren. Super, er passte mir perfekt. Nachdem der Preis ein Schnäppchen war, gab es für mich nichts mehr zu überlegen.

Das Frau-sein genießen

Am Abend hatte ich dann mit meinem neuen Rock einen stolzen Auftritt in einem Restaurant. Dabei konnte ich das Frau-sein so richtig genießen, denn ich wurde vor den Augen der anderen Gäste zu meinem Tisch geführt. Die Bedienung lächelte mich beim Servieren an. Gefiel ihr meine schicke Kleidung oder hatte sie mich durchschaut und mich deswegen bewundert?

Der Empfang

Wir wurden auf der letzten Etappe von den Freundinnen und Freunden des französischen Fahrradclubs empfangen, dabei habe ich noch nie zuvor so oft Hände geschüttelt.

Am Tag nach unserer Ankunft in der französischen Partnerstadt fand ein offizieller „Empfang der Radfahrer" mit der Presse, den Bürgermeistern und vielen Zuschauern statt. Dann ein Bayerisch-Französischer-Abend, zu der Trachten angesagt war. Es war für mich die Gelegenheit im Dirndl aufzutreten. Dabei entstanden auch Fotos, für die es sich der Bürgermeister nicht nehmen ließ, sich zu uns Radreisenden dazu zustellen.

Bergwanderung in Pumps

Am vorletzten Tag unseres Aufenthalts in der französischen Partnerstadt handelte ich mir unfreiwillig viel Respekt ein. Auf Grund eines Missverständnisses hatte ich mir am Morgen einen Rock und Pumps angezogen. Nach dem Mittagessen stand für mich überraschend eine Wanderung auf den 1465 Meter hohen Vulkankegel „Puy de Dôme" zur Disposition. Selbstverständlich wollte ich trotz der herrschenden etwa 30 Grad dabei mitmachen. Ich hatte jedoch keine Gelegenheit, um mir meine Sportschuhe aus dem Hotel zu holen, so dass ich die Wanderung in Pumps mit etwa zwei Zentimeter hohen Absätzen antreten musste. Alle schauten mich ungläubig an, ob ich wirklich damit wandern wolle? Ich bin dann ohne Probleme bis zum Gipfel hochgekommen und erhielt viel Anerkennung für meine Leistung. Hinunter sind wir dann glücklicherweise alle gemeinsam mit der Zahnradbahn gefahren. Laufend hätten meine Füße den Abstieg wohl nur barfuß überstanden.

Die Heimreise

Nach den vier Tagen in der französischen Partnerstadt, während der wir von den Gastgebern super betreut wurden, ging es mit dem Bus wieder heimwärts. Zuvor nahm ich an einem deutsch-französischen ökumenischen Gottesdienst teil.

Die Rückreise begann bei Temperaturen um die 30 Grad, so dass luftige Kleidung angesagt war (Bild). Im Bus fand ich Platz inmitten einer heimischen Volkstanzgruppe, wobei ich mich gleich zu Beginn der Fahrt an einer Runde Schnaps beteiligen sollte. Normalerweise trinke ich so etwas nicht, aber ich überwand mich, um keine Außenseiterin zu sein.

vor der Heimreise

Eine neue Erfahrung

Die Busfahrt dauerte einschließlich Pausen etwa 16 Stunden. Die Pausen bedeuteten eine neue Erfahrung für mich, denn ich musste mich in die langen Schlangen vor den Damentoiletten einreihen.

Die Sonne ging auf

Bei der Ankunft daheim ging bereits die Sonne wieder auf. Es war gut, dass ich mir für diesen Tag von der Arbeit frei genommen hatte. Am nächsten Tag habe ich während der Arbeit den in Frankreich gekauften schicken rot-schwarzen Rock getragen. Die Blicke meiner Kolleginnen sagten alles.

Bewährungsprobe bestanden

Es war nicht nur ein sehr schöner und interessanter Urlaub, sondern auch eine selbstgewählte extreme Bewährungsprobe. Es gab keine einzige Situation, während der ich Probleme in meiner neuen Rolle hatte. Ich wurde stets als Frau akzeptiert und mit „Madame" oder „Claudia" angesprochen. Ich war mir deshalb sicher, dass ich „meinen Weg zur Frau" weiter gehen durfte.

Ein fast normaler Arbeitstag

Juni 2019: Ich entdeckte am Morgen eines meiner ältesten Kleider wieder: dunkelblau mit Plissee-Rock. Mit Auto und Bahn bis zum Münchner Marienplatz, dann noch etwa 1000 Meter zu Fuß bis zum Büro. Im Büro angekommen überraschten mich meine Kolleginnen damit, dass sie alle im Business Look gekleidet waren. Ich erfuhr erst jetzt, dass eine Veranstaltung geplant war, zu der auch ein Bayerischer Minister erscheinen würde. Dumm gelaufen, denn ich war wegen meines Urlaubs zwei Wochen lang nicht im Büro und hatte es deshalb nicht mitbekommen. Ich war während des Empfangs die einzige Frau im Kleid und somit ein auffälliger Hingucker. Viele der Gäste kannten mich bereits, so dass sie mich mit *„Hallo Claudia"* begrüßten. Zwei Stunden später war dann normale Büroarbeit angesagt.

Meine Namens- und Personenstandänderung

Mitte 2019: Ich war jetzt an einem Punkt angelangt, an dem ich meine Grenzen als „Teilzeitfrau" sah. Alle Bekannten, Kolleginnen und Kollegen kannten mich mittlerweile nur noch in der Rolle als Frau und sprachen mich konsequent mit „Claudia" an. Aber in einigen Situationen müsste ich mich aufgrund meiner Ausweisdokumente als Mann outen und Diskriminierung befürchten. Warum sollte ich meinen Weg zur Frau nicht konsequent weiterverfolgen und die rechtliche Namens- und Personenstandänderung vollziehen?

Nicht im Traum daran gedacht

Früher hatte ich nicht einmal im Traum daran gedacht, weil das Verfahren gemäß dem aktuellen Transsexuellen-Gesetz (TSG) zu abschreckend für mich war. Anfang 2019 gab es vermehrt Berichte, dass andere Transgender ihre Namens- und Personenstandänderung nach dem umstrittenen neuen Paragraph 45b des Personenstandgesetzes erfolgreich durchgeführt hatten. Auch eine Freundin machte mir Mut, es doch einfach zu versuchen. Ich informierte mich und erkannte, dass es meine Chance war! Dazu benötigte ich lediglich ein entsprechendes Attest von meinem Hausarzt.

Mein Attest

Mai 2019: Ich wollte meinem Hausarzt nicht mit dem Wunsch für ein Attest „überfallen". Er kannte mich noch nicht, denn er hatte die Praxis erst vor kurzem von seinem Vorgänger übernommen. Meine Idee war es deshalb, zunächst einen Gesundheits-Check machen zu lassen, also so, wie man ihn ohnehin regelmäßig machen lassen sollte. Ich hatte mir dafür einen Termin reservieren lassen, so dass ich an einem Morgen gleich die erste Patientin war. Ich kleidete mich so, dass ich einen möglichst femininen Eindruck hinterlassen würde. Meine Krankenversicherungskarte verriet mich jedoch in der Arztpraxis als ein altbekannter Patient, was jedoch von der Arzthelferin diskret übersehen wurde. Eine zweite Arzthelferin führte mich in das Sprechzimmer, worauf der Arzt unverzüglich eintrat.

Die richtige Entscheidung

Wir sprachen zunächst über den von mir gewünschten Gesundheits-Check. Dabei erwähnte ich meine glücklich überstandene Tumor-OP und dass diese Erfahrung für mich der Anlass gewesen sei, mein Leben vollständig zu ändern. Jetzt wollte ich nur noch als Frau leben, um endlich glücklich zu sein. Mein Arzt bestätigte, dass man es mir ansehe, dass ich glücklich sei und sicherlich die richtige Entscheidung getroffen hätte.

Weil das EKG-Zimmer noch belegt war, konnte ich die Gelegenheit nutzen, um meinen Arzt auf den wahren Grund meines Besuches einzustimmen. Ich begann damit, dass in meiner Patientenakte ja noch mein alter Name stehen würde, obwohl ich von allen mit „Claudia" angesprochen werde. Mein Arzt antwortete, dass es erst geändert werden könne, wenn mein Name auch von der Krankenversicherung geändert worden sei. Ich sagte weiter, dass die KV erst dann meinen Namen ändern werde, wenn ich einen Personalausweis mit einem neuen Namen vorlege. Aber für die Änderung meines Namens und Personenstands würde ich ein ärztliches Attest benötigen.

Kein Grund etwas zu übereilen

Ich stellte ihm die Frage, ob er bereits von dem seit wenigen Monaten geltenden neuen Gesetz zur Personenstandänderung sowie den dazu kontrovers geführten Diskussionen gehört habe. Er kannte es noch nicht wirklich. Ich übergab ihm ein dazu von mir vorbereitetes Schreiben, indem ich mein bisheriges Leben grob umrissen hatte und Infos zum neuen Paragraph 45b des Personenstandgesetz angefügt hatte. Mein Arzt versicherte mir, dass er gerne bereit sei mir zu helfen, aber wegen der vielen anderen Patienten hätte er heute nicht ausreichend Zeit für mich. Wir vereinbarten, dass wir dies bei einem weiteren Termin besprechen. Bingo! Mein Arzt wollte noch wissen, wie dringend ich das Attest benötige. Ich sagte, dass es keinen Grund gibt, etwas zu übereilen.

Alles sehr nette Menschen

Inzwischen war das EKG-Zimmer frei geworden. Die Arzthelferin verlangte, dass ich den Oberkörper frei machte, wozu ich meinen BH mit den Prothesen ausziehen musste. Sie erzählte mir daraufhin, dass sie vor vielen Jahren in einem Club Transsexuelle kennengelernt hätte. Das wären alles sehr nette Menschen gewesen. Ich durfte mich nach dem EKG wieder anziehen und wurde an die nächste Arzthelferin übergeben. Weiter ging es mit Blutabnahme, Urinprobe und weiteren Untersuchungen. Zum Schluss noch eine Auffrischung der Impfungen. Auch die zweite Arzthelferin hatte viel Sympathie mit mir. Sie fand es super, dass ich den Mut für meine Wandlung gehabt hätte.

Ein weiteres Leben als Mann nicht zumutbar

Ein paar Tage später rief mich mein Hausarzt an, er hätte einen Entwurf für das Attest erstellt und wir könnten auch das Untersuchungsergebnis besprechen. Wie ich bereits erwartet hatte, waren meine Gesundheitswerte alle in Ordnung. Im Attest bescheinigte er mir wie gewünscht das Vorliegen einer *„Variante der Geschlechtsentwicklung"*. Zusätzlich schrieb er, dass *„ein weiteres Leben als Mann ... nicht zumutbar ist ... aus medizinischer Sicht sehe ich eine rechtliche Änderung der Geschlechtszugehörigkeit ... als indiziert und unterstütze diese."*

Auf dem Standesamt

Juni 2019: Über das Internet konnte ich die Kontaktadresse des Standesamts meiner Geburtsstadt ermitteln und rief dort zwecks eines Termins an. Auf die Frage, was der Grund sei, antwortete ich, dass ich meinen Personenstand ändern lassen möchte. Nur wenige Minuten später rief man mich zurück mit der Frage, ob ich eine Bescheinigung vom Amtsgericht habe? Ich antwortete, dass in meinem Fall keine Bescheinigung vom Amtsgericht notwendig sei, weil meine Personenstandsänderung gemäß Paragraph 45b des Personenstandgesetzes erfolgen soll. Kurzes Schweigen in der Leitung.

Paragraph war nicht bekannt

Dann die Antwort, dass dieser Paragraph nicht bekannt sei. Ich erklärte, dass es diesen Paragraph erst seit wenigen Monaten gäbe. Mein Angebot dazu Informationen zur Verfügung zu stellen, wurde dankend angenommen. Ich sendete daraufhin zusammen mit meinem Antrag eine Kopie des Gesetzestexts sowie Informationen zur Auslegung an das Standesamt. Ich fügte auch ein Foto bei, welches mich als fröhliche Frau in der Öffentlichkeit zeigte.

Noch am gleichen Tag bedankte man sich für meine Informationen und man wollte noch wissen, ob meine Ehe weiterhin bestehen würde. Ich beantworte die Frage und damit war der Termin fest.

Mein Antrag enthielt den folgenden Text:

Betr.: Antrag auf Änderung des Vornamens und der rechtlichen Geschlechtszugehörigkeit (gemäß §45b Personenstandsgesetzes vom 18. Dez. 2018)

Hiermit erkläre ich, …, geb. am … in …, dass mein Personenstandeintrag und mein Vorname wie nachfolgend angegeben geändert werden. Ich bin Deutsche/r im Sinne des Grundgesetzes und wohne derzeit in ….

Ich beantrage die Geschlechtsangabe weiblich und in Zukunft den Vornamen Claudia zu führen.

Zur Ergänzung meiner Erklärung lege ich das ärztliche Attest von Dr. … bei, in welcher das Vorliegen einer Variante der Geschlechtsentwicklung gemäß §45b PStG bescheinigt wird."

Tag der offenen Türen im Standesamt

Juni 2019: Ich verband die Reise zum Standesamt mit einem Besuch meiner Mutter. An einem Montagmorgen war es so weit. Ich stand um sechs Uhr auf und habe mich besonders sorgfältig geschminkt. Ein schwarzer Rock und Blazer waren für diesen Anlass die geeignete Kleidung. Nach dem Frühstück mit meiner Mutter machte ich mich zu Fuß auf den Weg zum Standesamt. Es war ein strahlend blauer Morgen. Kaum war ich aus dem Haus musste ich noch einmal umkehren um meine Sonnenbrille zu holen. Ich kam etwa acht Uhr im Rathaus an. Das Standesamt befand sich im letzten Raum eines langen Gangs. Fast alle Bürotüren standen offen, so dass ich während des Vorbeigehens mehrmals aus den Büros heraus gegrüßt wurde. Es war zu auffällig! Offensichtlich hatte sich mein Besuch im Rathaus herumgesprochen und Neugierde breit gemacht. Auch die Tür des Standesamtes stand offen, ich wurde bereits erwartet und mit *„Guten Morgen Frau Redeker"* begrüßt. Eine Kollegin wurde noch schnell mit den Worten *„Frau Redeker ist jetzt da"* hinzu gerufen. Die Stimmung war bestens, ich musste betreffend meinen Antrag nichts mehr erklären. Es war bereits alles vorbereitet. Ich musste lediglich ein amtliches Formular unterschreiben. Dazu meine Frage, mit dem alten oder schon mit meinem neuen Namen? Ein letztes Mal mit meinem alten Namen. Wie viele Kopien ich von der geänderten Geburtsurkunde benötige? Nach dem Bezahlen der Gebühr war alles erledigt. Ich bedankte mich recht herzlich. Man bedankte sich auch bei mir, denn mein Fall wäre für sie ein Lernbeispiel gewesen.

Was hatte sich geändert?

Auf dem Rückweg zum Haus meiner Mutter ging mir vieles durch den Kopf, vor allem die Frage, was sich jetzt für mich geändert hat? Eigentlich nichts wirklich, außer dass ich es mir nicht mehr gefallen lassen muss, mit meinem alten Namen angesprochen zu werden. Selbstverständlich knallte am Abend ein Sektkorken. Ich habe meinen neuen „Geburtstag" im kleinen Kreis mit meiner Mutter, meiner Schwester und ihrer Familie gefeiert. Das Schönste für mich war, dass meine Mutter mein Glück verstand.

Wie geht es weiter?

Meine Namens- und Personenstandänderung war ein großer Meilenstein auf meinem Weg zur Frau. Damit hatte ich mit meinem „alten" Leben vollständig abgeschlossen. Jetzt hatte ich zwar eine neue Geburtsurkunde, aber auf vielen Ausweisen, Urkunden und Zeugnissen[15] stand weiterhin mein alter Name. Das Wichtigste war deshalb zunächst ein neuer Personalausweis. Erst damit konnte ich einen neuen Führerschein beantragen und meinen Namen bei diversen Versicherungen sowie in der Firma ändern lassen.

> ➢ Mehr zum Thema siehe unter
> Wissenswertes – Namens- und Personenstandänderung

Der neue Personalausweis

Juni 2019: Für Passbilder gelten strenge Regeln. Um dennoch möglichst weiblich auszusehen, versuchte ich mich optimal zu schminken. Ich fuhr in die nächste Kleinstadt, um mir ein professionelles Passbild anfertigen zu lassen. Die Dame im Fotoatelier bearbeitete mein Foto auffällig lange. Als sie mir die Passbilder übergab erwähnte ich ihr gegenüber, dass ich seit zwei Tagen endlich eine Frau sei. Sie antwortete, dass sie es sich bereits gedacht habe. Sie wünschte mir alles Gute auf meinem weiteren Weg.

Hoffentlich etwas Zeit

Weiter führte mich mein Weg zum Einwohnermeldeamt. Nachdem ich der Dame dort mein Anliegen erklärt hatte meinte sie, dass ich hoffentlich etwas Zeit habe, denn sie hätte so einen Fall noch nie bearbeitet. Ich übergab ihr als Nachweis meine alte und neue Geburtsurkunden. Sie tippte daraufhin Rat suchend in ihrem Computer herum. Ob ich auch ein Schreiben vom Amtsgericht dabeihabe? Ich sagte:

---

15 Urkunden und Zeugnisse bleiben nach einer Namens- und Personenstandänderung gültig. Eine vor der Transition geschlossene Ehe hat weiter Bestand. Betroffene haben einen Anspruch darauf, dass ihr früherer Vorname nicht mehr offenbart wird. Aus Gründen der Rechtssicherheit (Identität des Urkundeninhabers) muss jedoch am Inhalt einer ursprünglichen Urkunde festgehalten werden. Damit wird nicht gegen das Offenbarungs- und Ausforschungsverbot verstoßen. Betroffene können sich auf Wunsch eine Ersatzausfertigung eines Zeugnisses auf die ursprüngliche Urkunde erfolgen muss.

„*Nein, das ist in meinem Fall nicht notwendig.*" Sie tippte wieder im Computer herum. Ah ja, jetzt hätte sie gefunden wie es geht. Nachdem sie einen neuen Eintrag mit dem Namen Claudia angelegt hatte, erlaubte das System endlich die Bearbeitung meines Antrags. Nach einer obligatorischen Belehrung musste ich zweimal für den neuen Ausweis unterschreiben. Es war das erste Mal, dass ich mit meinem neuen Namen unterschrieb. Weil die Stimmung so gut war, erzählte ich ihr ein wenig über meine Wandlung, wobei sie sehr interessiert zuhörte. Die Dame wünschte mir alles Gute auf meinem weiteren Weg. In etwa vier Wochen würde mein neuer Ausweis fertig sein.

Schaute sich interessiert meinen Führerschein an

Juni 2019: Eine Woche nach meiner Personenstandsänderung wurde ich während der Heimfahrt von der Arbeit in einen Autounfall verwickelt. Es krachte fürchterlich. Zum Glück war es nur ein Blechschaden. Jetzt saß ich als Transfrau im verbeulten Auto und war mitten drin im Interesse aller Beteiligten und Zeugen.

Nach etwa zehn Minuten kam die Polizei, um von allen Beteiligten die Personalien und Aussagen aufzunehmen. Zu blöd, ich war jetzt rechtlich eine Frau, konnte mich aber nicht als solche ausweisen, denn ich hatte meinen neuen Ausweis erst beantragt. Für die Polizeibeamtin war es jedoch kein Problem, denn ihr reichte mein Ergänzungsausweis. Meinen Führerschein, der mich als langhaarigen 18-jährigen zeigte, schaute sie sich besonders lange und interessiert an.

Mein neuer Ausweis war da

Juli 2019: Es läutete es an der Haustür. Die Postbotin stand davor. Sie sagte spontan zu mir: „*Sie sind immer so schön gekleidet.*" So ein Kompliment freut Frau natürlich. Es war ein Brief vom Einwohnermeldeamt dabei: „*Sehr geehrter Herr Claudia Redeker ihr beantragter Personalausweis liegt zur Abholung bereit.*" Gleich am nächsten Morgen holte ich meinen neuen Personalausweis ab. Die Dame im Einwohnermeldeamt hatte mich sofort wiedererkannt, so dass ich nichts erklären musste. Mein alter Ausweis wurde zerschnitten und ich musste den Empfang des neuen Ausweises quittieren. Anschließend aktivierten wir noch die Online-Funktion.

Ich konnte mich nur wundern

Meine Krankenversicherung hatte meinen neuen Personenstand bereits akzeptiert, denn ich erhielt bereits Post mit der Anrede „*Sehr geehrte Frau Claudia Redeker*". Der Inhalt des Schreibens war jedoch eher verwunderlich. Ich hatte bereits zweimal ein Passbild für die neue Versicherungskarte zugesendet. Jetzt stand in dem Schreiben lapidar, dass sie mir erst dann eine neue Versicherungskarte ausstellen können, wenn ich ein neues Passbild zusende. Ich konnte mich nur wundern.

Mein neuer Führerschein

Juli 2019: Mit dem neuen Personalausweis konnte ich einen neuen Führerschein beantragen. Ich besaß noch den sogenannten „grauen Lappen", der ohnehin demnächst umgetauscht werden musste. Es war schönes Sommerwetter, so dass ich sportlich gekleidet mit dem Fahrrad zu dem etwa 20 km entfernten Landratsamt fahren konnte. Dort angekommen versuchte ich meinen Antrag mit den Worten zu beschreiben, dass ich ein sicherlich nicht alltägliches Anliegen habe. Doch für die Dame in der Führerscheinstelle war mein Antrag reine Routine. Meine Namensänderung spielte dabei nur eine Nebenrolle. Somit hatte ich mir unnötige Gedanken über mögliche Rückfragen gemacht. Einige Wochen später konnte ich meinen neuen Führerschein abholen. Damit waren innerhalb von etwa sechs Wochen alle wichtigen Dokumente, Ausweise und Kreditkarte auf meinen neuen Namen abgeändert.

Ich war nicht wirklich zufrieden

Juli 2019: Beim Versuch meinen Namen im Handy-Vertrag zu ändern schlug mir die pure Dummheit entgegen. Ich konnte zwar online meinen Familiennamen ändern, aber nicht den Vornamen. Ich versuchte es dann über das Kontaktformular, wobei ich genau erklärte was mein Anliegen war. Als Antwort bekam ich lediglich völlig unpassende Rückfragen zu den Vertragskonditionen. Postwendend kam auch noch die Frage „*Sehr geehrter Herr Redeker, waren Sie mit unserem Service zufrieden?*" Nein, nicht wirklich! Ich habe es aufgegeben und bei einem anderen Anbieter einen Vertrag unter meinem neuen Namen abgeschlossen sowie den alten Vertrag gekündigt. Beim Versuch meine Telefonnummer auf den neuen Vertrag zu übernehmen, fing die ganze Dummheit wieder von vorne an. Am Ende hatte ich dann eine neue Telefonnummer.

Bekannt wie der „bunte Hund"

Juli 2019: Ich hatte einer Freundin versprochen, bei einem Festumzug mitzumachen. Doch an diesem Abend war es fast 30 Grad heiß, so dass ich in der Vereinsweste wie in einer Sauna schwitzen musste.

Die Straßenränder waren mit Zuschauern gesäumt und ich kann nicht aufzählen, wie oft wir fotografiert wurden. Der Umzug endete am Festzelt, wo wir vom Bürgermeister empfangen wurden. Er hatte mich aufgrund unseres Treffens in der französischen Partnerstadt sofort wiedererkannt und freute sich sichtlich über meine Teilnahme. Ich war offensichtlich so bekannt wie der „bunte Hund". Zur Belohnung gab es für alle Teilnehmenden am Festzug eine Maß Bier und ein halbes Brathendl. Ich hätte gerne noch mehr getrunken, aber ich musste mit dem Fahrrad wieder heimfahren.

Auf der Modenschau

Juli 2019: Eine Modeschneiderin in meiner Straße hatte zu einer Modenschau eingeladen. Die Gelegenheit wollte ich mir nicht entgehen lassen, um mich gegenüber allen Nachbarinnen als Frau zu zeigen. Ich erschien absichtlich etwas verspätet, so dass die bereits anwesenden Damen mich mit viel Aufmerksamkeit empfingen und ich mich als Claudia bekannt machen konnte. Die Gastgeberin begrüßte mich mit einer Umarmung und einem Glas Prosecco. Nach einigen Minuten wurde die Musik lauter und drei Mannequins führten die Kreationen der Gastgeberin vor.

Mir gefiel besonders ein geblümtes Sommerkleid. Anschließend konnten wir uns die vorgeführten Kleidungsstücke genauer ansehen und auch anprobieren. Ich war zunächst zurückhaltend. Das von mir favorisierte Sommerkleid gefiel offensichtlich auch den anderen Damen und es erschien mir als zu klein für mich. Ich sprach deshalb die Gastgeberin an, wie viel sie verlangen würde, wenn sie mir das Kleid in meiner Größe schneidert. Sie antwortete, dass sie leider den Stoff nicht mehr vorrätig hätte. Ich solle das Kleid doch einfach einmal anprobieren, vielleicht passe es ja. Das ließ ich mir nicht zweimal sagen und ging in den Nebenraum.

Meine Bauchfalte

Tatsächlich! Das Sommerkleid passte mir, denn der Stoff war relativ elastisch. Ich ließ das Kleid an und ging zurück zu den anderen Damen. Jetzt stand ich im Mittelpunkt. Ich bat sie um ihre Meinung, ob mir das Kleid wirklich steht. Dabei drehte ich mich tanzend. Prompt erhielt ich den Kommentar, dass das Kleid mir stehen wurde, wenn mein Bauch nicht solche Falten werfen würde. Ich solle darunter ein hohes Miederhöschen tragen. Ich schaute in den Spiegel: Ja wirklich, eine hässliche Bauchfalte zierte das Kleid. Peinlich! Ich ging noch einmal in den Nebenraum, um mich besser anzuziehen. Danach saß mir das Kleid perfekt. Die Gastgeberin überließ mir das Kleid zu einem fairen Preis. Ich habe es gleich angelassen und mich später auf dem Heimweg von meiner Nachbarin fotografieren lassen. Es herrschte Sommerwetter, so dass ich nicht widerstehen konnte, das Kleid auch am nächsten Tag während der Arbeit zu tragen.

Der Betriebsausflug

Juli 2019: Ich nahm an einem Betriebsausflug mit meinen Münchner Kolleginnen teil. Wir fuhren dazu mit unseren Fahrrädern, aber nicht nur wegen des schönen Wetters, sondern auch weil sich bei unserer Arbeit alles um das Radfahren dreht. Ich hatte am frühen Morgen zunächst eine 50 km lange Anfahrt mit dem Fahrrad bis zum Treffpunkt vor mir. Eigentlich wollte ich gemütlich fahren, damit ich nicht unnötig schwitze. Aber wegen einer gesperrten Straße musste ich einen Umweg fahren. Ich kam dann trotzdem rechtzeitig am Treffpunkt an und konnte mir schnell noch etwas Luftigeres anziehen, bevor meine Kolleginnen und Kollegen eintrafen.

Viele interessierte Zuhörer

Unser erstes Ziel war das Kloster Fürstenfeldbruck. Unter Kastanienbäumen gab es selbstgebackenen Kuchen zum Kaffee. Eine Kollegin nutzte die Gelegenheit, um mich wegen meiner Personenstandänderung anzusprechen. Bei meiner Antwort hatte ich viele interessierte Zuhörer. Nach der Besichtigung der Klosterkirche ging unsere Radtour weiter. Wir wollten eine Pause am Ufer der Amper einlegen, aber viele hungrige Mücken hatten bereits auf uns gewartet. Wir fuhren schnellstens weiter und stoppten in Dachau an einer Eisdiele. Unser Ziel war das Bräustüberl in Weihenstephan bei Freising, wo für uns ein Tisch reserviert war.

Wenn Blicke töten könnten

Etwa zwei Stunden später fuhren wir mit der S-Bahn heim. Ich musste in München umsteigen, doch in der S-Bahn waren alle Fahrradstellplätze von dort sitzenden Fahrgästen blockiert. Eine Frau sah meine verzweifelten Blicke, so dass wir beide lachen mussten. Da ich mit meinem Fahrrad den Eingangsbereich versperrte, musste ich energisch darum bitten, dass ein Fahrradstellplatz frei gemacht wurde. Wenn Blicke töten könnten.

Keine Arbeit für eine Frau

August 2019: In einer Baustoffhandlung wollte ich mir Holz für die Erneuerung des Gartenzauns anbieten zu lassen. Der Verkäufer meinte dabei allen Ernstes zu mir, ich solle lieber einen Handwerksbetrieb beauftragen, denn es wäre keine Arbeit für eine Frau. Ich wusste nicht, ob ich mich über die Aussage freuen oder ärgern sollte. Schön war, dass ich eindeutig als Frau angesehen wurde. Aber als Frau musste ich mich diskriminiert fühlen, weil man mir diese Arbeit nicht zutraute.

Transgender Dysphoria Blues

August 2019: Ich freute mich sehr über eine Nachricht von meiner Tochter. Sie schrieb mir, dass ihr Lieblingsmusiker jetzt eine Frau ist. Auch wenn Punk-Rock nicht meine Musik ist, so habe ich mir trotzdem einige Videos von Laura Jane Grace[16] angesehen. Von ihr gibt es unter anderem den Song „Transgender Dysphoria Blues". Ich fand es großartig, dass auch hier Transgender öffentlich sichtbar werden. In einem Interview wurde Laura Jane gefragt: *„Wenn du jetzt auf die Bühne gehst, als Frau, macht es dich glücklicher?"* Ihre Antwort war: *„Ich fühle mich um einiges wohler als früher, sicher."* Das Gefühl kam mir sehr be-

---

16 "Grace is notable for being one of the first highly visible punk rock musicians to come out as transgender, after she publicly came out in May 2012."

kannt vor, denn ich hatte vor Monaten meinen ersten öffentlichen Auftritt als Frau. Ich erhielt viel Beifall, sicher auch deswegen, weil die Zuschauer mich als glückliche Frau erlebten.

Der Fernsehauftritt

September 2019: Nie zuvor hätte ich zu träumen gewagt, dass ich jemals als Frau im Fernsehen zu sehen sein werde, und schon gar nicht im Dirndl! Ich war mit meiner Freundin auf dem Münchner Oktoberfest unterwegs, wozu wir unsere schönsten Dirndl angezogen und uns auch sonst soweit wie möglich als Hingucker „aufgebrezelt" hatten. Es war schönstes Wetter und wir konzentrierten uns gerade auf ein Foto mit unserem Selfie-Stick, als ein Fernsehteam auf uns aufmerksam wurde. Die Kamera war bereits auf uns gerichtet, so dass ich mir völlig überrascht den Selfie-Stick aus der Hand

Der Fernsehauftritt

nehmen ließ. Schon waren wir von der Moderatorin Constanze Lindner und dem Bauchredner Sebastian Reich mit seiner Puppe „Amanda das Nilpferd" eingerahmt.

Was war denn jetzt los?

„*Käsekuchen*" hieß die Parole für ein Selfie mit allen Beteiligten. Die Szene war schnell „im Kasten" und wir sollten noch kurz dafür unterschreiben, dass wir mit der Veröffentlichung einverstanden sind. Wir waren so stolz, dass wir sofort zustimmten. Das Fernsehteam ging weiter auf der Suche nach neuen „Opfern". Wir aber schauten uns ungläubig an. Was war denn jetzt los? Etwa zehn Tage später wurde dann im Bayerischen Fernsehen die Szene mit uns in einem Bericht über das Münchner Oktoberfest gezeigt. Das Bild zeigt einen Ausschnitt aus der Sendung.

Mein Weg zum schönen Dekolleté

Mai 2019: Schon immer war es mein Traum, mich mit einem schönen Dekolleté im Dirndl oder Bikini zeigen zu können. Dazu gehören nun einmal weibliche Brüste. Lange Zeit sah es für mich so aus, dass ich niemals natürliche Brüste haben würde, denn ich konnte wegen einer Kontraindikation (ein ehemaliger Tumor) keine Hormonersatztherapie (HET) durchführen.

War es ein Traum?

Ich hatte plötzlich die Vorstellung, dass ich mir Brüste operieren lassen könnte. Ich weiß es nicht, war es ein Traum oder woher sonst hatte ich diese Vorstellung. Wesentlich dafür war mein Wunsch, endlich keine Brustprothesen mehr tragen zu müssen. Besonders bei starken körperlichen Bewegungen wie bei Sport oder Arbeit waren die Prothesen sehr lästig. Der Gedanke mir Brustimplantate einsetzen zu lassen ließ mich nicht mehr los. Ich war jedoch verunsichert, ob dies bei mir möglich wäre? Würde sich meine Haut so weit dehnen lassen? Würden die Brüste natürlich aussehen? Welche Langzeitfolgen müsste ich befürchten?

So wollte ich nicht aussehen

Ich hatte mir viele Bilder von Transsexuellen angesehen. Bei vielen waren die typischen Operationsnarben deutlich zu sehen. Es war aber auch häufig aufgrund der völlig unnatürlichen Brustformen unverkennbar, dass die Brüste nur aus Implantaten bestanden, welche unprofessionell eingesetzt waren. So wollte ich auf keinen Fall aussehen!

Kein Problem

Ich fand viele Schönheitskliniken, die Brustvergrößerungen anboten, wobei sich die Angebote an Bio-Frauen richteten. Aber warum sollte ich nicht trotzdem einfach eine Anfrage stellen? Ich schrieb eine Klinik an und erwähnte dabei, dass ich eine Transfrau sei und bisher noch keinerlei Ansätze natürlicher Brüste besitze. Postwendend bekam ich die Antwort, dass es überhaupt kein Problem sei, denn es gäbe auch Bio-Frauen, die keine Brüste haben. Ich solle doch bitte ein Foto meiner Brust senden, damit mein Fall von einer Chirurgin beurteilt werden könne. Daraufhin erhielt ich von der Klinik ein unglaublich günstiges Angebot. Der Haken dabei war, dass die Operation in Prag erfolgen würde. Mir wurde optional angeboten, mich vorher in der Klinik untersuchen und beraten zulassen, was mein Vertrauen stärkte.

Kostenübernahme?

Ich war mir bewusst, dass meine Krankenversicherung unter diesen Bedingungen die Kosten einer Operation zur Brustvergrößerung nicht übernehmen würde. Voraussetzung wäre zunächst eine Hormontherapie, welche ich jedoch damals noch nicht durchführen konnte. Andernfalls würde es aber auch mit einer Hormontherapie etwa zwei Jahre dauern, bis das Brustwachstum abgeschlossen wäre. Wenn sich nach dieser Zeit kein zufriedenstellender[17] Brustansatz entwickeln würde, dann müssten die Kosten von der KV übernommen werden. So lange wollte ich aber nicht warten. Somit war das Angebot der Klinik die Chance, meinen Traum kurzfristig zu realisieren.

Zur Beratung nach Prag

Juni 2019: Gleich am Tag nach meiner Personenstandänderung begann ich noch während der Bahnfahrt mit der Prager Klinik Kontakt aufzunehmen. Der von mir gewünschte Termin für ein Beratungsgespräch wurde postwendend bestätigt. Ich buchte unverzüglich auch ein Fernbus-Ticket sowie ein Hotelzimmer.

Wie zu erwarten war, wollte man beim Einchecken in den Fernbus meinen Ausweis sehen, aber Dank meines neuen Personalausweises waren jetzt Auslandsreisen problemlos möglich. Im Fernbus gab es Internet und Entertainment. Ich nutzte die Gelegenheit, um mir den Film „Das Dänische Girl" anzusehen. Er passte irgendwie zu meiner Reise. Der Film handelt von einer wahren Transgender Geschichte aus der Zeit vor etwa 100 Jahren. Lilies Wunsch eine körperlich vollkommene Frau zu werden endete damals tragisch. Meine Stimmung war deswegen etwas deprimiert. Aber die Medizin ist glücklicherweise heute viel weiter.

---

17 Eine Leistungspflicht der Krankenversicherungen besteht nur dann, wenn der Brustansatz die für konfektionierte Damenoberbekleidung vorgesehene BH Normalgröße A (DIN EN 13402) nicht ausfüllt.

Ankunft in Prag

Die Busfahrt endete am Prager Hauptbahnhof und ich stand vor dem historischen Bahnhofsgebäude. Doch als ich die Treppen hinunter ging, wurde ich von einer riesigen unterirdischen Bahnhofshalle überrascht. Ich ging ganz hindurch in Richtung Prager Altstadt. Dabei bekam ich den ersten Eindruck von den Touristenmassen in Prag. Mein Hotel war etwa ein Kilometer vom Bahnhof entfernt und deshalb gut zu Fuß erreichbar. Beim Check-In im Hotel wurde wie üblich nach meinem Ausweis gefragt. Die Verständigung klappte wie fast überall in Prag in Englisch. Ich machte mich zunächst frisch und machte mich auf den Weg zur Klinik im Zentrum von Prag.

In der Schönheitsklinik

Im Empfang der Klinik angekommen musste ich noch etwas warten. Das äußerlich historische Gebäude war innen hochmodern eingerichtet. Im Empfang duftete es herrlich, so dass mir das Warten nicht schwer fiel. Nach etwa zehn Minuten wurde ich von der Chirurgin, die im kurzen schwarzen Kleid und auf hohen Absätzen daherkam, angesprochen. Sie hätte gleich Zeit für mich, bis dahin müsse ich mich noch etwas gedulden. Sie verschwand dann mit einer anderen Patientin. Eine Weile später holte sie mich in ihr Sprechzimmer. Ich sollte ihr meine Wünsche erzählen, wobei ich mich zunächst von der Situation etwas überfahren und gehemmt fühlte. Ich begann damit, dass ich den Einsatz von Brustimplantaten wünsche, mir aber unsicher wäre, ob es in meinem Fall, also als Transgender ohne die geringsten Ansätze natürlicher Brüste, überhaupt möglich sei? Ich sollte meinen Oberkörper frei machen, damit sie meine Brustmuskeln abtasten konnte.

Problemlos möglich

Nach der Untersuchung sagte sie mit Blick auf meine Prothesen, dass der Einsatz von Implantaten in dieser Größe (etwa Cup C) problemlos möglich sei. Weiter erzählte sie mir, dass sie die endgültige Größe der Implantate erst während der Operation bestimmen könne. Auch könne sie erst dann bestimmen, ob die Implantate unter oder über den Brustmuskel eingesetzt werden können. Ich war etwas enttäuscht, denn ich hatte mir eine klarere Aussage erhofft. Sie gab mir zwei Implantat-Muster in die Hand. Sie fühlten sich völlig weich an, wirklich so zart wie eine weibliche Brust. Dieses Gefühl bestärkte mich in meinem Wunsch, so etwas haben zu wollen. Sie erklärte mir, dass sie nur Implantate eines führenden deutschen Herstellers einsetze. Diese würden über eine lebenslange Garantie verfügen. Dazu überreichte sie mir eine Informationsbroschüre, aus der ich unter anderem entnehmen konnte, dass für die Implantate die höchsten medizinischen Anforderungen gelten.

Die Entscheidung lag bei mir

Bei allen weiteren meiner Fragen hatte ich den Eindruck, dass sie aus Sicht der Chirurgin vollkommen überflüssig waren, denn für sie sind derartige Operationen reine Routine. Die einzig wirkliche Voraussetzung sei, dass mir mein Hausarzt eine Bestätigung über die Narkosefähigkeit ausstellt. Die Operation sei so risikofrei, dass ich bereits einen Tag später wieder nach Hause fahren könne. Lediglich die Bewegungsfreiheit meiner Arme sei ein paar Wochen lang eingeschränkt.

Jetzt lag die Entscheidung bei mir. Tausend Gedanken gingen mir durch den Kopf. Der Gedanke endlich schöne Brüste haben zu können faszinierte mich. Aber welches Risiko würde ich eingehen? Würde ich damit auf Dauer glücklich sein?

Prag entdecken

Um mich von den Gedankenspielen abzulenken startete ich zu einem Spaziergang durch Prag. Prag ist bekannt als eine der schönsten Städte und wird deshalb von einer Unmenge an Touristen überschwemmt.

Nach wenigen Schritten war ich bereits am Altstädter Ring, wo ich ein Selfie mit der berühmten Rathausuhr machte (Bild). Ich schlenderte weiter bis zur Moldau, wo ich bei tief stehender Sonne das Panorama mit der Prager Burg bewunderte.

Es kam langsam Hunger auf, wozu ich die Auswahl zwischen vielen Restaurants hatte. Nach dem Abendessen mit zwei dunklen Prager Bieren war ich so müde, dass ich auf kürzestem Weg zu meinem Hotel ging. Es war warm im Zimmer, so dass ich mich bei weit geöffnetem Fenster auf das Bett legte. Ich wollte noch etwas lesen, doch ich schlief sofort ein.

Mein zweiter Tag in Prag

Am nächsten Morgen blieb ich relativ lange im Bett liegen. Es war bereits 9 Uhr, als ich zum Frühstück ging. Dort herrschte der Kampf um das Buffet und zusätzlich mein Kampf mit dem Personal. Ich hatte mir mein Frühstück zusammengesucht, aber dabei noch eine Kleinigkeit vergessen. Als ich wieder zu meinem Tisch zurückkam, war das Personal gerade dabei mein mühsam zusammengestelltes Frühstück abzuräumen. Mein Protest wurde ignoriert. Jetzt musste ich mir noch einmal ein Frühstück zusammenstellen.

Nach dem Frühstück hatte ich etwa fünf Stunden Zeit, bis mein Bus zurück nach München startete. Ich ging zunächst am Ufer der Moldau spazieren und beobachtete von einer schattigen Bank aus das Treiben. Weiter ging ich über eine der Prager Brücken in Richtung zur Prager Burg. Auf der anderen Uferseite angekommen, verlor ich die Lust zur Burg hinauf zu gehen. Es begannen nicht nur meine Füße zu schmerzen, sondern ich sah, dass sich eine endlose Schlange an Touristen auf den Wegen zur Prager Burg befand. Ich habe dann auf einer Parkbank sitzend dem Treiben der Touristen und Straßenbahnen zugeschaut. Gegen Mittag ging ich weiter zur Karlsbrücke. Die Zahl an Touristen, die sich darüber schob, war schier unglaublich groß. An den Rändern der Brücke warteten viele Porträtzeichner auf Kundschaft. Ich wäre beinahe schwach geworden, doch dann reichten mir einige Selfies mit der Prager Burg im Hintergrund.

Die Heimreise

Bei meiner Ankunft am Busterminal warteten bereits viele Fahrgäste, aber die Plätze im Bus waren ja reserviert. Ich hatte die ganze letzte Sitzreihe für mich alleine und schaute mir einen der im Entertainment System angebotenen Filme an. Der Sciencefiction Film „Ex Maichina" handelt von einer künstlichen Intelligenz mit dem Namen Ava, ein

Android in Gestalt eines Frauenkörpers, welcher zum Schluss seinen Erschaffer Nathan umbringt, um in die Freiheit zu gelangen. Der Film stimmte mich nachdenklich. Warum haben in diesem Film alle Androiden weibliche Körper?

Das Kompliment

Wieder daheim stand für mich fest, dass ich mich in der Prager Klinik operieren lassen wollte. Um sicher zu sein, dass ich kein gesundheitliches Risiko eingehe, vereinbarte ich einen Termin mit meinem Hausarzt. Bereits in der Anmeldung strahlte mich die Arzthelferin an. Ich zeigte ihr stolz meine neue Krankenversicherungskarte mit meinem neuen Namen. Sie änderte unverzüglich meine Patientendaten.

Die Arzthelferin führte mich dann in das Sprechzimmer des Arztes. Dabei kam sie mir ganz nah um mir zu sagen: *„Frau Redeker, ich muss Ihnen sagen, dass Sie immer wunderschön ausschauen, bereits bei der letzten Untersuchung ist mir das schon aufgefallen."* Ich war so baff über das Kompliment, dass ich gar nichts darauf sagen konnte.

Keine Bedenken

Nach einer Weile kam der Arzt in das Sprechzimmer. Er erkannte anhand der Daten auf seinem Bildschirm, dass mein Personenstand geändert war und sprach mich darauf an. Mein Arzt hatte auf Grund der letzten Untersuchungsergebnisse keine Bedenken betreffend einer Vollnarkose für die Operation. Ich sollte einen weiteren Termin vereinbaren. Auf die Frage, wie ich mich für seine Hilfe erkenntlich zeigen könnte, verwies er auf das Sparschwein der Arzthelferinnen in der Anmeldung. Das musste ich mir nicht zweimal sagen lassen. Vor dem Verlassen der Praxis habe ich das Sparschwein gefüttert. Die Arzthelferin sagte mir, dass eine Terminvereinbarung nicht notwendig wäre, denn für mich wäre auch kurzfristig immer ein Termin frei.

Mein OP-Termin war gefährdet

Oktober 2019: Ausgerechnet vier Tage vor dem geplanten OP-Termin machte sich bei mir eine Infektion bemerkbar! Verzweiflung machte sich breit, denn unter dieser Voraussetzung würde man mich nicht operieren. Sollte ich den Termin absagen und viele Wochen lang auf einen neuen Termin warten? Ich entschloss mich für eine Schwitzkur in der heißen Badewanne sowie mich anschließend im Bett auszuruhen. Am nächsten Tag ging es mir bereits etwas besser. Ich wiederholte die Schwitzkur. Am folgenden Tag spürte ich mich deutlich besser, so dass ich keinen Grund mehr sah, meine Reise nach Prag absagen zu müssen.

Bin keine Ausnahme

Der Tag meiner Reise war gekommen. Ich traute meinen Ohren nicht, als ich am Morgen das Autoradio einschaltete. Als erste Worte in den gerade laufenden Nachrichten war zu hören: „*… immer mehr Frauen lassen eine Brustvergrößerung vornehmen …*". Na super, dachte ich, dann bin ich ja keine Ausnahme. Ab München wieder eine etwa fünf Stunden lange Fahrt mit dem Fernbus bis nach Prag. Den Weg zu meinem Hotel kannte ich bereits. Mein Rollkoffer nervte mich mit dem Gerumpel, denn alle Gehwege bestehen aus Kopfsteinpflaster. Im Hotel habe ich mich erst einmal frisch gemacht und mich für die Voruntersuchung in der Klinik möglichst feminin gekleidet.

Die Voruntersuchung

Bei der Ankunft in der Klinik wurde ich gleich mit meinem Namen begrüßt. Ich erhielt einen Fragebogen, womit ich vieles zu meiner Gesundheit beantworten sollte. Anschließend musste ich etwas warten bis ich zur medizinischen Voruntersuchung abgeholt wurde. Es wurde Blut abgenommen und ein EKG erstellt. Für das EKG war es aber nicht notwendig, dass ich meine Strumpfhose auszog, denn es wurden einfach die für die Elektroden vorgesehenen Stellen angefeuchtet. Nach einer weiteren halben Stunde begrüßte mich die Chirurgin und führte mich in ihr Sprechzimmer. Sie erinnerte sich noch an das Beratungsgespräch vor einigen Wochen. Wir sprachen noch einmal über die Implantate. Ich wollte jetzt nicht an der falschen Stelle sparen und entschloss mich für die hochwertigsten Implantate. Anschließend sollte ich meinen Oberkörper freimachen. Die Chirurgin begann mich zu untersuchen und machte dabei auch Fotos von meinem Oberkörper.

Mein nächster Schritt führte zur „Kasse" der Klinik, wobei ich schon lange nicht mehr so viele Geldscheine wie jetzt hingeblättert habe. Wegen des genauen OP-Termins am nächsten Tag wollte man mich per SMS benachrichtigen. Ich war am Abend bereits wieder zurück in meinem Hotelzimmer, als ich von der Klinik eine SMS erhielt:

ich solle um 14:30 Uhr kommen, ich dürfe am Morgen noch ein leichtes Frühstück zu mir nehmen und sollte ab 11 Uhr nichts mehr essen und trinken.

Ein Blutwert war nicht in Ordnung

Am nächsten Tag war schönstes Wetter, so dass ich die Zeit bis zur Operation für einen Spaziergang durch Prag nutzen konnte. Es war kurz vor Mittag und ich befand mich gerade auf dem Wenzel Platz, als sich mein Handy in der Handtasche bemerkbar machte. Das Gespräch kam aber nicht zustande. Ich sah jedoch anhand der Nummer, dass es ein Anruf von der Klinik war. Ich ging auf den kürzesten Weg dorthin. Dort angekommen hieß es, dass ein Blutwert nicht in Ordnung sei, ob ich unter einer Infektion leide? Ja, ich hätte soeben eine Erkältung auskuriert. Die Narkose-Ärztin hatte Bedenken und wollte deswegen mit der Chirurgin sprechen. Ich wartete in der Rezeption gespannt auf die Entscheidung.

Bereit für die Operation

Wenige Minuten später bekam ich ein Zeichen, dass die Operation erfolgen würde. Ich atmete auf! Weil ich bereits in der Klinik war, konnte ich gleich anschließend mein Zimmer belegen. Das Zimmer war modern eingerichtet und von meinem Fenster aus konnte ich hinunter auf die Touristen schauen, die sich endlos durch die Straße schoben.

Eine Krankenschwester brachte mir ein OP-Hemd, ein OP-Höschen, eine Haarhaube und ein Paar Thrombose-Strümpfe. Ich freute mich, dass ich meine Brustprothesen für ein allerletztes Mal abnehmen konnte. Ich entfernte mein Make-up, zog mir die OP-Kleidung an und legte ich mich ins Bett um zu warten.

Nach etwa einer Stunde kam die Chirurgin in mein Zimmer. Sie markierte mit einem schwarzen Stift auf meiner Brust die Position der Implantate. Eine Krankenschwester maß meinen Brustumfang und gab mir eine Beruhigungstablette. Danach war ich wieder alleine und döste vor mich hin.

Träumen Sie etwas Schönes

Ich schlummerte gerade vor mich hin, als die Tür aufging um zur Operation abgeholt zu werden. Der OP-Saal befand sich einen Stock höher. Ich sollte mich auf den OP-Tisch legen und meine Arme ausstrecken. Es wurden diverse Infusionsschläuche und sonstiges angeschlossen. Dann hieß es: *„Frau Redeker träumen Sie etwas Schönes"*. Das letzte was ich sah, war die OP-Lampe über mir. Die nächsten etwa drei Stunden fehlen mir.

Ein völlig neues Gefühl

„Hallo Claudia, aufwachen" hörte ich als erstes beim Aufwachen. Ich lag in meinem Zimmer und kam langsam zu mir. Ich spürte eine ungewohnte Spannung auf meiner Brust und mein Oberkörper fühlte sich taub an. Ich zog die Bettdecke zurück und sah einen schwarzen BH. Mit den Fingern tastete ich vorsichtig meine neuen Brüste ab. Es war ein völlig neues Gefühl!

Eine Krankenschwester brachte mir Wasser, Tee und Kekse ans Bett. Zwei Tassen Tee löschten meinen größten Durst. Es dauerte nicht lange, bis ich einen Drang zur Toilette spürte. Ich musste davor zunächst eine Krankenschwester rufen, weil ich noch an einem Tropf angeschlossen war. Jetzt stand ich das erste Mal wieder auf meinen eigenen Beinen und es erging mir überraschend gut.

War sehr zufrieden

In Bad öffnete ich vor dem Spiegel vorsichtig den BH-Verschluss. Es war Wirklichkeit geworden! Ich hatte schöne große Brüste! Ich tastete sie vorsichtig ab. Ein wunderschönes neues Gefühl. Die Chirurgin hatte mir nicht nur relativ große Implantate einsetzen können, sondern auch die aufwendigere Methode gewählt. Das heißt, die Implantate befinden sich teilweise unter den Brustmuskeln. Ich war sehr zufrieden. Nur die OP-Nähte unterhalb der Brüste schmerzten etwas, doch das war ja zu erwarten. Während der kommenden Nacht konnte ich dank einer Tablette problemlos schlafen.

Der Tag danach

Am nächsten Morgen wurde mir ein Frühstück ans Bett gebracht. Um 10 Uhr kam die Chirurgin zur Visite. Auf ihre Frage, wie ich mich fühle konnte ich nur sagen: Bestens! Sie schaute sich meine Brüste an und gab mir noch ein paar Tipps für die nächste Zeit. Ich bedankte mich ausdrücklich bei ihr für das wunderschöne Ergebnis.

Dann sollte ich ein Merkblatt zur Kenntnisnahme unterschreiben. Darin war zu lesen, dass ich den Spezial-BH mindestens vier Wochen lang tragen muss, zusätzlich über den Brüsten zwei Wochen lang einen Stützgürtel, dass ich mich erst nach drei Tagen duschen darf, nur auf dem Rücken schlafen soll und drei Monate lang keine körperlich anstrengende Arbeit verrichten darf. Aber das alles war mir bereits schon vorher bekannt. Jetzt stand meiner Entlassung aus der Klinik nichts mehr entgegen. Im Bad des Klinikzimmers machte ich einige Selfies mit meiner neuen Weiblichkeit, bevor ich mich fertig machte.

War nicht die einzige Transfrau

Ich hatte für den Fall eventueller Komplikationen meine Rückfahrt erst für den nächsten Tag gebucht, so dass ich jetzt viel Zeit hatte. Ein Zimmer im Hotel konnte ich erst ab dem Nachmittag belegen und überbrückte deshalb die Zeit im Empfang der Klinik. Dabei beobachtete ich die Patientinnen, die in der Klinik ein- und ausgingen. Es waren überwiegend junge Frauen. Eine der Frauen war ihrer Stimme nach ganz offensichtlich auch eine Transfrau. Das bestätigte mich, denn warum sollte ausgerechnet ich die einzige Transfrau sein, die sich hier operieren ließ?

Hilfe beim Koffertragen

Am Nachmittag machte ich mich auf den Weg zu meinem Hotel. Ich durfte nichts Schweres heben, so dass ich meinen Rollkoffer vorsichtig hinter mir herzog. Im Hotel bat ich um ein Zimmer, dass ich wegen meiner frischen Operation erreichen könne, ohne dabei den Koffer tragen zu müssen. Andere Gäste, die dies mitgehört hatten, trugen darauf hin spontan meinen Koffer über eine kleine Treppe bis zum Fahrstuhl.

Ich war am Abend recht müde. Trotzdem musste ich mich um ein Abendessen kümmern. Das Hotel-Restaurant erwies sich leider als eine falsche Hoffnung auf ein Abendessen. Ich musste mir wohl oder übel ein Restaurant suchen. Das Viertel meines Hotels befand sich außerhalb der Touristenströme, so dass ich erst nach etwa 10 Minuten ein Restaurant fand.

Ein exklusives Essen

Beim Eintritt war ich stark verunsichert, denn es war ein relativ vornehmes Restaurant mit ausgesprochen exklusiver Bedienung. Es wurde soeben ein Tisch frei, so dass ich nicht lange zögern konnte, bevor ich an den Tisch geführt wurde.

Warum sollte ich meine erfolgreiche Operation nicht mit einem feinen Essen feiern? Aber auch, dass ich auf meinem Weg zur Frau einen entscheidenden Schritt vorangekommen war? Drei Kellner kümmerten sich um meine Wünsche. Es war ein tolles Gefühl und ich hatte allen Grund glücklich zu sein.

Für Schönheit muss Frau leiden

Nach dem Abendessen ging ich auf dem kürzesten Weg zurück zu meinem Hotel. Ich war wirklich müde und legte mich nach dem Abschminken gleich auf das Bett. Ich wollte noch etwas lesen, doch dabei wurde mir bewusst, wie „behindert" ich aufgrund der Operation war. Egal in welcher Position ich versuchte zu lesen, meine Brustmuskeln wehrten sich mit heftigen Schmerzen dagegen. Sogar das Halten des Handys war mit Schmerzen verbunden. Ich gab es auf und legte mich zum Schlafen. Auf dem Rücken liegend waren die Schmerzen erträglich, so dass ich schnell einschlief.

Unerträgliche Schmerzen

Gegen etwa 2 Uhr wachte ich auf. Unerträgliche Schmerzen quälten mich. Jetzt wurde mir bewusst, dass die Schmerztablette, welche ich am Morgen noch in der Klinik erhalten hatte, endgültig ihre Wirkung verloren hatte. Glücklicherweise hatte man mir einige Tabletten auf Vorrat mitgegeben. Sie sollten jetzt meine Rettung sein.

Doch die Tabletten befanden sich in meiner Handtasche. Um sie zu erreichen, musste ich zunächst aus dem Bett aufstehen. Aber es gelang mir vor Schmerzen nicht, mich im Bett aufzurichten. Bei jedem Versuch, meinen Oberkörper mit den Armen abzustützen, hätte ich vor Schmerzen schreien können. Ich habe es dann trotzdem irgendwie geschafft dazu ließ ich mich aus dem Bett rutschen, so dass ich davor saß und sich mein Oberkörper aufrecht befand. Es gelang mir auf die Beine zu kommen, zu meiner Handtasche zu gehen und endlich die erlösende Tablette einzunehmen. Ich ließ mich wieder ins Bett fallen und wartete, bis die Wirkung einsetze, dabei schlief ich wieder ein.

Die Heimreise

Ich wachte am Morgen zu meiner üblichen Zeit auf. Weil die Tablette noch wirkte spürte ich keine Schmerzen. Ich stand vorsichtig auf, um mich zurecht zu machen. Wegen der bevorstehenden langen Busfahrt entschied ich mich für bequeme Kleidung. Ich zog mir vorsichtshalber auch die Thrombose-Strümpfe unter der Hose an, denn sie konnten wegen des stillen Sitzens während der langen Busfahrt kein Fehler sein.

Anschließend ging ich kurz zum Frühstück in das Hotelrestaurant. Wieder zurück im Hotelzimmer bemerkte ich, dass ich nicht mehr sehr viel Zeit hatte, um rechtzeitig am Busbahnhof zu sein. Keinesfalls durfte ich meinen Koffer über die Treppen tragen. Ausgerechnet jetzt dauerte es lange, bis der Fahrstuhl kam. An der Rezeption musste ich nur noch meine Zimmerkarte abgeben.

Den Weg vom Hotel zum Bahnhof kannte ich mittlerweile auswendig. Der Fernbus stand bereits an der Haltestelle, aber wir konnten noch nicht einsteigen. Ich hatte mir wieder einen Platz in der letzten Sitzreihe reserviert, die ich dann während der gesamten Fahrt für mich alleine hatte. Leider funktionierte das Entertainment System nicht, so dass ich keine Filme anschauen konnte. Ich erhielt von meinen Freundinnen Nachrichten auf mein Handy, in denen sie sich nach meinem Befinden erkundigten. Ich freute mich sehr über ihre Anteilnahme.

Der Fernbus fuhr Nonstop bis nach München. Doch an der Haltestelle Hackerbrücke, wo der Fernbus ankam hielt keine S-Bahn. Ich musste deswegen mit meinem Rollkoffer ein paar hundert Meter bis zum Hauptbahnhof zu Fuß gehen. An der Endstation der S-Bahn erwartete mich bereits meine liebe Nachbarin, die mich mit ihrem Auto bis nach Hause fuhr.

Wieder Daheim

Wieder daheim zog ich mich erst einmal um. Dabei entledigte ich mich des stark einengenden BH, den ich seit der Operation tragen musste. Vor dem Spiegel bestimmte ich mit einem Maßband meine neue BH-Größe. Das Ergebnis war eine Größe, die ich mir nicht einmal im Traum erhofft hatte. Den BH musste ich erst einmal wieder anziehen, denn ich durfte kein Risiko eingehen. Wenn die Implantate verrutschen oder nicht optimal mit dem Gewebe verwachsen, dann würde sich mein Traum in einen Alptraum verwandeln.

Angst vor Schmerzen

Mir graute es bereits davor, wenn die Wirkung der Schmerztablette nachlassen würde. Ich wollte jedoch nicht einfach aus Angst vor Schmerzen vorsorglich eine weitere Schmerztablette einnehmen, sondern erst dann, wenn es wirklich notwendig würde. Ich verstehe Schmerzen als Warnsignale. Mir wurde empfohlen während der nächsten Wochen alle körperlichen Anstrengungen zu vermeiden. Aber oft passieren derartige Anstrengungen unbewusst und ich würde die Warnung nicht bemerken. Für alle Fälle legte ich mir vor dem Schlafengehen eine Schmerztablette griffbereit neben mein Bett. Doch ich verbrachte die gesamte Nacht ohne Schmerzen.

Frau muss sich zu helfen wissen

Für das Aufstehen aus dem Bett hatte ich eine tolle Methode gefunden um ohne Anstrengung der Brustmuskeln aus dem Bett aufzustehen: mein Bett besitzt einen elektrisch verstellbaren Lattenrost, den ich zum Aufstehen einfach in die Sitzposition fahren konnte. Frau muss sich nur zu helfen wissen.

Ich war erstaunt, denn ich hatte seit der Nacht im Prager Hotel keine weitere Schmerztablette benötigt. Auch war ich, entgegen aller Vorhersagen, in meiner Bewegungsfreiheit kaum beeinträchtigt. Die Operation war somit unter allen Gesichtspunkt ein voller Erfolg.

Die Natur hat es wohl so angelegt

Ich hatte zuvor Schlimmeres befürchtet, denn mir wurden relativ große Implantate eingesetzt, doch meine Haut wurde dabei nicht überdehnt. Die Natur hat es wohl so angelegt. Die Haut fühlte sich jedoch zunächst sehr empfindlich an, so dass am liebsten keinen BH getragen hätte. Die etwa nur 3 cm langen OP-Narben verheilten optimal und fallen heute nicht mehr auf. Ich kann heute meine neue Weiblichkeit uneingeschränkt genießen. Es ist nicht nur der sichtbare Eindruck, sondern es sind vor allem die schönen Gefühle, die mein Körper bei jeder Berührung wahrnimmt. So etwas Schönes hatte ich nicht wirklich erwartet. Ich habe meine Implantate beim Hersteller registrieren lassen und nehme an den regelmäßigen Umfragen teil.

Alles war bestens!

Dezember 2019: Es waren etwa sechs Wochen seit meiner Operation in Prag vergangen. Alles war bestens verlaufen und ich war unendlich glücklich, aber auch stolz, dass ich diesen relativ abenteuerlichen Schritt gewagt habe. Es stand wegen meines ehemaligen Tumors wieder einmal eine CT-Untersuchung an. Dabei wurden zwangsläufig auch meine Brüste untersucht.

Auf dem Bild ist erkennbar, dass sich das Implantat direkt über dem Brustkorb und unter dem Brustmuskel befinden. Auf Bildern späterer CT-Untersuchungen ist erkennbar, dass sich aufgrund der Hormontherapie über Implantat und Brustmuskel Brustgewebe gebildet hat.

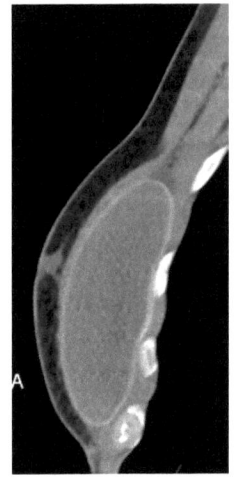

CT-Untersuchung

> ➢ Mehr zum Thema siehe unter Wissenswertes – Weibliche Brüste

Schwimmen und Sauna

Dezember 2019: Endlich durfte ich nach meiner Operation wieder schwimmen und konnte mir so den lang gehegten Traum eines Auftritts im Bikini erfüllen. Ich muss zugeben, dass ich mich anfangs noch recht unsicher gefühlt hatte. Schuld daran war mein altes „Kopfkino". Mein Leben lang hatte es mir eingeredet, dass ich niemals im Bikini in ein Schwimmbad gehen könnte. Jetzt aber sollte mich nichts mehr daran hindern.

Darf ich Sie ansprechen?

Der Besuch einer Sauna war für mich zur Routine geworden, denn dank meiner Brüste konnte ich jetzt auch ohne Badekleidung völlig selbstsicher als Frau auftreten.

Nachdem ich an einem Aufguss teilgenommen hatte, wollte ich mich unter einer Dusche abkühlen. Dabei hörte ich eine Stimme hinter mir: *„Darf ich Sie ansprechen?"* Ich drehte mich um. Eine ältere Dame stand hinter mir und sagte, dass ich schöne Brüste hätte. Sie hätte sich alles wegmachen lassen. Sie wollte weiterwissen, ob ich eine „Transgender" sei? Ich war völlig überrascht, doch dann unterhielten wir uns eine ganze Weile. Dabei erzählte sie, dass sie in ihrer Familie ebenfalls eine Transgender hätte.

Nach dem Gespräch war ich so weit abgekühlt, dass sich das Duschen nicht mehr wirklich lohnte. Aber ich habe mich über das Gespräch gefreut.

Besuch bei meiner Mutter

Dezember 2019: Ich besuchte nach einem Jahr wieder einmal meine Mutter, dabei war es notwendig geworden, dass ich mir meine Haare wusch. Auf meine Frage nach einem Föhn kam sie mit einem Lockenstab daher. Aber der Versuch den Lockenstab zu benutzen scheiterte an meiner Ungeschicklichkeit.

Meine Mutter konnte es nicht mit ansehen

Meine Mutter konnte es nicht länger mit ansehen und drehte mir kurzerhand Locken in die Haare. Dabei musste ich mir von ihr anhören, dass meine Haare unter einer Perücke viel zu lang sein. Das gefiel mir jedoch gar nicht, denn ich hatte meine Haare nicht umsonst seit zwei Jahren wachsen lassen. Ich zögerte deshalb, als sie vorschlug mir die Haare schneiden zu lassen. Sie rief gegen meinen Willen im Friseursalon meiner Cousine an um nachzufragen, ob für ihre Tochter noch ein Termin frei sei.

Die „Haar Kur"

Ich hatte meine Cousine schon jahrelang nicht mehr gesehen. Vor allem kannte sie mich noch nicht als Frau, sie hatte jedoch bereits von meiner Wandlung erfahren. Wir unterhielten uns zunächst eine ganze Weile lang im Nebenraum ihres Friseursalons.

Ich hatte mir meine „altbewährte" Perücke aufgesetzt. Meine Cousine schaute sich die Perücke kritisch an und meinte, dass sie schon viel zu alt sei. Länger als ein Jahr solle ich keine Perücke tragen, weil die Kunsthaare im Laufe der Zeit verfilzen würden. Sie bot mir an, dass sie mir bei der Auswahl einer neuen Perücke gerne helfen würde, jetzt kurz vor Weihnachten könnten wir jedoch nicht mehr zum Händler fahren. Für eine gute Perücke müsse ich mindestens vier- bis fünfhundert Euro anlegen.

Ein hoffnungsloser Fall

Sie meinte weiter, dass meine eigenen Haare ein hoffnungsloser Fall seien. Auch warnte sie mich, dass das Färben meine Haare noch mehr schädigen würde. Ich war enttäuscht, denn ich wollte demnächst ohne Perücke auskommen.

Jetzt durfte ich im Friseursalon Platz nehmen. Meine Cousine wollte bei mir eine „Haar Kur" durchführen: Waschen, Spitzen schneiden, Conditioner, Spülen, Trocknen, Locken, Haarspray. Dabei gab sie mir viele Tipps. Zum Beispiel, dass ich das von ihr empfohlene Spezialshampoo ganz sparsam verwenden solle, die Haare nicht mit dem Föhn, sondern in der Luft trocknen lassen und dabei nur mit den Fingern lockern solle.

> ➢ Mehr zum Thema siehe unter
> Wissenswertes – Haare und Perücken

Meine Hormonersatztherapie

November 2019: Noch vor nicht allzu langer Zeit hatte ich nicht an die Durchführbarkeit einer Hormonersatztherapie[18] (HET) geglaubt. Jetzt aber war ich überglücklich, denn nach zunächst einer Enttäuschung hatte sich alles zum Positiven entwickelt. Aber der Reihe nach:

Mein Antrag an die Krankenversicherung

Vor einigen Monaten hatte ich gegenüber meiner Krankenversicherung (KV) einen „Antrag auf Kostenübernahme für Maßnahmen zur Annäherung des äußeren Erscheinungsbildes an das Wunschgeschlecht" gestellt, worunter auch eine Brustvergrößerung

---

18 Studien haben gezeigt, dass die gegengeschlechtliche Hormontherapie überwiegend positive Auswirkungen auf die Lebensqualität der Betroffenen hat und zu einer sozialen und psychischen Stabilisierung beiträgt.

fiel. Den Antrag hatte ich damit begründet, dass auf Grund eines Tumors sowie auf Anraten meiner Ärzte keine HET durchführbar sei.

Mein Antrag wurde lapidar mit dem Argument abgelehnt, dass eine „gegengeschlechtliche Hormontherapie" die Voraussetzung sei. Woraufhin ich einen Widerspruch einlegte. Zwei Wochen später antwortete die KV: „*... natürlich möchten wir, dass Sie bestmöglich versorgt werden ...*".

Ich sollte der KV folgendes zusenden:
1) Ergebnis der letzten endokrinologischen Untersuchung, die besagt, dass eine Hormontherapie wegen des ehemaligen Tumors nicht durchführbar ist,
2) Nachweis, dass eine psychotherapeutische oder psychiatrische Behandlung von mindestens 18 Monaten Dauer,
3) sowie dass eine Alltagserprobung durchgeführt wurde.

Ich war enttäuscht und ratlos, woher sollte ich das bekommen?

Keine Gründe mehr gegen eine Hormontherapie

Kurze Zeit später stand wieder einmal eine Nachsorge-Untersuchung an. Sie verlief ohne Befund. Ich besprach dabei mit dem Arzt meinen Wunsch, dass ich gegenüber meiner KV ein Attest benötigte welches besagt, dass ich wegen meines ehemaligen Tumors keine Hormontherapie durchführen dürfte.

Der Arzt erklärte mir darauf hin, dass er mir so eine Bescheinigung nicht ausstellen könne. Mein Tumor sei ausgestanden und es wären keine relevanten Organe betroffen gewesen. Ich war enttäuscht, weil ich es bisher anders verstanden hatte.

Wenige Tage später hatte ich eine CT-Untersuchung. Ich erhielt gleich anschließend den Untersuchungsbericht, welcher aussagte, dass keine Reste des Tumors mehr erkennbar seien. Ich war überaus glücklich, denn ich hatte nicht nur den Tumor überstanden, sondern es gab keine Gründe mehr gegen eine Hormontherapie.

Wiedersehen beim Psychotherapeuten

Des weiteren hatte ich das Problem, woher sollte ich den Nachweis über eine psychotherapeutische Behandlung bekommen? Ich erinnerte mich an meine Lebenskrise vor etwa 20 Jahren. Damals war ich in einer mehrjährigen psychotherapeutischen Behandlung (wofür die

Krankenversicherung die Kosten übernehmen musste). Ich hatte seitdem keinen Kontakt mehr mit dem damaligen Psychotherapeuten. Gab es ihn heute noch und praktizierte er noch? Tatsächlich, ich fand ihn im Ärzteverzeichnis und konnte versuchen wieder Kontakt mit ihm aufzunehmen.

Ich rief ihn erwartungsvoll an. Er fand während unseres ersten Telefongesprächs meine alte Patientenakte sofort wieder. Er freute sich sehr, dass er nach den vielen Jahren wieder etwas von mir hörte. Aber er zeigte sich überrascht, dass ich heute als Frau lebe, denn damals war es noch keine Option für mich.

Ich erklärte ihm mein Anliegen und er war sofort bereit mir zu helfen. Ich sollte ihm berichten, was sich in der Zwischenzeit in meinem Leben ereignet hatte. Er stellte mir auch die Frage, ob ich eine geschlechtsangleichende Operation (GaOP) anstreben würde. Ich antwortete spontan, dass ich auch ohne glücklich sei und es gehe niemanden etwas an, wie es in meiner Hose aussieht. Er konnte sich das Lachen nicht verkneifen.

Einige Tage später konnte ich mir sein Gutachten abholen. Sein „Fachärztliches Zeugnis auf Verlangen der Krankenkasse" endete mit dem Satz: *„Frau Claudia Redeker verfügt heute über einen stabilen Seelenzustand. Die von ihr gewünschten geschlechtsangleichenden Maßnahmen kann ich uneingeschränkt befürworten."*

Meine Alltagserprobung

Bei der KV hätte eigentlich bekannt sein sollen, dass ich bereits seit längerer Zeit als Frau berufstätig und versichert war und somit mehr als nur eine Alltagserprobung hinter mir hatte. Aber sie benötigten nun einmal für ihren Bürokratismus einen schriftlichen Nachweis. Ich bat deshalb meinen Psychotherapeuten eine entsprechende Formulierung in das Gutachten aufzunehmen.

Er schrieb neben anderem: *„Zu diesen erlebnisreichen Jahren hat Frau Redeker die Alltagserprobung in ihrer neuen Rolle Schritt für Schritt mit wachsender Zufriedenheit, ja mit Glücksgefühlen, erlebt und für sich bestanden"*.

Mein geänderter Antrag

November 2019: Ich sendete das von meinem Psychotherapeuten erstellte Gutachten an die KV. Im Anschreiben erklärte ich, dass aufgrund der neusten Untersuchungsergebnisse nichts mehr gegen eine gegengeschlechtliche Hormontherapie sprechen würde und ich meinen Antrag zur Kostenübernahme entsprechend ändere.

Endokrinologische Untersuchung?

Wegen des von der KV geforderten „Ergebnis der letzten endokrinologischen Untersuchung" wandte ich mich zunächst an meinen Hausarzt. Er selber konnte mir jedoch nicht helfen, sondern war bereit mich an einen Endokrinologen zu überweisen, was dann ein paar Tage später ohnehin notwendig geworden war.

In dem dicken Formularsatz, den ich aufgrund meines Antrags von der KV erhielt, war der Name des Endokrinologen, welcher meine Hormonersatztherapie[19] begleiten sollte, bereits eingetragen.

Der Terminkonflikt

Als ich wegen eines Termins beim Endokrinologen anrief, überschnitt sich der einzige kurzfristig freie Termin mit einer Pflichtschulung in der Firma. Der Arzttermin sollte um 16 Uhr sein, doch die Schulung würde bis 16 Uhr dauern und dazwischen lag eine einstündige Autofahrt. Auch wenn ich keine Ahnung hatte, wie ich das schaffen könnte, so wollte ich den Arzttermin auf jeden Fall wahrnehmen.

Der Tag des Schulungs- und Arzttermins war gekommen. Ich kleidete mich besonders feminin und das Make-up dauerte am Morgen etwas länger, so dass es spät wurde, bis ich endlich aus dem Haus kam.

An der Firma angekommen fiel es mir brühwarm ein, dass ich die für den Endokrinologen bestimmten Unterlagen von der KV daheim liegen gelassen hatte. Auch das noch! Ich hatte keine Chance, noch einmal nach Hause zu fahren. Bei meiner Ankunft im Schulungsraum waren bereits viele Teilnehmerinnen und Teilnehmer anwesend, so dass ich von vielen Augen abgecheckt wurde.

---

19 Vor Einleitung einer Hormontherapie ist ein umfangreiches Screening auf etwaige Risikofaktoren notwendig. Die Therapie soll durch einen erfahrenen Arzt eingeleitet und regelmäßig überwacht werden.

Ich spielte mit dem Gedanken die Schulung früher zu verlassen. Doch am Ende der Schulung war eine Prüfung geplant, welche eine Voraussetzung für die Teilnahmebestätigung war. Den Arzttermin wollte ich jedoch auf keinen Fall gefährden. Also musste ich mir etwas einfallen lassen, wie ich die Schulung trotzdem früher verlassen könnte. Also legte ich es darauf an, mich gegenüber dem Seminarleiter besonders hervorzutun.

Wozu bin ich eine Frau?

Ich dachte mir, wozu bin ich eine Frau? Besonders feminin gekleidet war ich ja bereits, also musste ich mich nur noch zusätzlich in Szene setzen. Dazu meldete ich mich so oft wie möglich zu Wort. Wie es der Zufall wollte, wurden im Verlauf der Schulung beispielhaft Dokumente gezeigt, welche ausgerechnet ich vor Jahren noch mit meinem männlichen Namen unterschrieben hatte. Der Seminarleiter schaute auffällig lange auf mein Namensschild, dabei wurde ihm wohl bewusst, wer ich früher einmal war und warum ich mich so gut mit dem Thema auskannte.

Konnte mir den Wunsch nicht verwehren

In der Pause sprach ich den Seminarleiter mit meiner Bitte an, ob es möglich wäre, dass ich wegen eines wichtigen Arzttermins die Prüfung vorzeitiger machen könne? Der Seminarleiter konnte mir den Wunsch ganz offensichtlich nicht verwehren. Er beendete seinen Vortrag vorzeitig um 14 Uhr und verteilte an alle Teilnehmer die Prüfungsfragen. Die Beantwortung sollte innerhalb von 25 Minuten erfolgen. Ich war jedoch bereits nach 15 Minuten damit fertig und konnte die Schulung deshalb noch früher verlassen. Jetzt hatte ich ausreichend Zeit, um die am Morgen vergessenen Unterlagen zu holen.

Geschafft! Ich war sogar 10 Minuten zu früh in der Praxis des Endokrinologen.

Mein erster Termin beim Endokrinologen

In der Arztpraxis musste ich zunächst den obligatorischen Fragebogen ausfüllen. Als mich der Arzt in sein Sprechzimmer holte war ich ziemlich aufgeregt. Auf seine erste Frage hin, habe ich gleich los geplappert, aber er bremste meinen Redefluss und machte sich in aller Ruhe Notizen. Ich gewann schnell Vertrauen.

Ich überreichte ihm die Unterlagen meiner KV. Zusätzlich gab ich ihm ein von mir vorbereitetes Schreiben, indem ich meinen „Transgender - Lebenslauf" niedergeschrieben hatte. Ich erzählte ihm unter anderem, dass ich bereits vor einigen Monaten gegenüber meiner KV einen Antrag auf Kostenübernahme für geschlechtsangleichende Maßnahmen gestellt hätte. Er meinte dazu, dass es gar nicht notwendig gewesen wäre, denn die KV müsse es so oder so zahlen.

Entgegen der Aussage des Arztes, bei dem ich erst vor kurzem wegen der Tumor-Nachuntersuchung war, erklärte mir der Endokrinologe, dass der überstandene Tumor ein wichtiges Kriterium für die Durchführbarkeit einer Hormontherapie sei. Er stellte mir etliche Fragen, die ich aber alle positiv beantworten konnte und deswegen optimistisch sein konnte.

Bevor er mir ein Rezept ausstellen könne, müsse er mich zunächst gründlich untersuchen. Es müsse unter anderem ein Karyogramm[20] erstellt werden, was einige Wochen in Anspruch nehmen würde. Dazu müsse unter hochreinen Bedingungen eine Blutabnahme erfolgen, wozu ich einen weiteren Termin benötigte.

Wann ist es endlich soweit mit meiner HET?

Es waren über sechs Wochen seit meinem letzten Termin beim Endokrinologen vergangen. Endlich erhielt ich die Nachricht, dass der Laborbericht der Chromosomen-Untersuchung da sei.

In Erwartung des langersehnten Rezepts für die Hormon-Medikamente fuhr ich zur Praxis des Endokrinologen. Er übergab mir eine Kopie des Laborberichts und erklärte mir, dass bei mir alles normal sei, so dass einer Hormontherapie nichts im Wege stehe.

Der Bericht war drei Seiten lang und enthielt ein Karyogramm. Unter der Überschrift „Begutachtung" war zu lesen: „kein Hinweis auf eine chromosomale Ursache der Transsexualität. Allgemein liegt die Prävalenz auffälliger Chromosomensätze bei ca. 3,2% in Fällen von Mann-zu-Frau-Transsexualität ...".

---

20   Darstellung des Chromosomensatzes

Off-Label-Use

Der Arzt erklärte mir, welche Medikamente für mich in Frage kommen. Doch er könne mir noch kein Rezept dafür ausstellen, weil wir noch auf eine Antwort des Medizinischen Dienstes der KV warten müssten. Wenn er mir vorher ein Rezept ausstellen würde, dann würde er gegen seine ärztlichen Pflichten verstoßen, weil es ein „Off-Label-Use"[21] wäre. Ich war enttäuscht. Er empfahl mir bei der KV anzurufen, um den Stand zu erfragen.

Anruf bei der Krankenversicherung

Wieder daheim habe ich gleich die erstbeste mir bekannte Telefonnummer der KV gewählt. Nach fünf Minuten Wartemusik-Gedudel kam endlich ein Gespräch zustande. Ich musste mich zunächst identifizieren. Dabei die Frage, ob ich für meine Frau anrufen würde? *„NEIN! Ich bin Frau Claudia Redeker!" „Oh, Entschuldigung! Ich verbinde sie mit der Fachabteilung."* Wartemusik, dann plötzlich absolute Stille in der Leitung. Ich legte auf.

Neuer Versuch: Wahl-Wiederholung, Wartemusik, nach einiger Zeit meldete sich eine andere Person am anderen Ende der Leitung. Ich musste mich wieder identifizieren. Dabei sagte ich, dass ich die Prozedur schon auswendig kenne. Dieses Mal gab man mir die Nummer der Fachabteilung, falls das Weiterverbinden wieder nicht klappen sollte.

Wartemusik-Gedudel ohne Ende. Ich lege genervt auf und wartete ein paar Minuten bevor ich direkt die genannte Nummer wählte. Es meldete sich nach kurzer Zeit eine Dame. Ich identifizierte mich. Sie fand meinen Vorgang im System. Es würde ihr leidtun, aber es läge noch keine Antwort vom Medizinischen Dienst vor, da könne man nichts machen. Sie würden mich jedoch informieren, sobald eine Antwort da wäre. Wir wünschten uns noch ein schönes Wochenende und ich legte frustriert das Telefon auf.

Meine HET war endlich bewilligt

Februar 2020: Ich wartete genau bis zu dem Tag des Ablaufs der Frist und schrieb der KV mit Kopie an meinen Arzt, dass der gesetzli-

---

21 Hormonpräparate, die bei einer Hormonersatztherapie zur Anwendung kommen, wurden nicht für diesen Zweck zugelassen, so dass jeder Einzelfall einer Prüfung bedarf. Eins der Medikamente wird Frauen in den Wechseljahren verschrieben.

che Termin für die Beantwortung meines Antrags in mehrfacher Hinsicht überschritten sei und mein Arzt nicht länger mit dem Beginn der HET warten müsse. Mein Arzt antwortete mir darauf hin postwendend, dass ich einen Termin vereinbaren solle. Was ich dann auch unverzüglich tat.

Zwei Tage später lag ein Schreiben der KV im Briefkasten: *„Sehr geehrte Frau Redeker, wir haben die Stellungnahme des MDK erhalten. Aufgrund des Gutachtens, unter Berücksichtigung der sozialmedizinischen Aspekte, bewilligen wir den Antrag auf Hormontherapie … wünschen wir Ihnen alles Gute."* Eigentlich war mir schon vor dem Öffnen des Briefes klar, dass nicht viel anderes drinstehen konnte.

Das erste Hormon-Rezept

März 2020: Mein Arzt stellte mir vor dem Ausstellen des Rezepts die Gewissensfrage, ob ich mir wirklich bewusst sei, dass es danach kein Zurück mehr ohne Folgen gäbe? *„Ja, ich will auch nie wieder zurück!"* Endlich konnte ich das erste Rezept für meine HET in den Händen halten. In der Apotheke waren die Medikamente „Androcur" und „Estramon" nicht vorrätig, aber auf den einen Tag kam es mir jetzt auch nicht mehr an.

Wirkungen der Hormone

Mai 2020: Ich hatte wegen meiner HET einen weiteren Termin beim Endokrinologen. Neben der Blutuntersuchung stellte er mir viele Fragen zu meinem Befinden. Meine spontane erste Antwort war: *„Abgesehen von den Corona-Einschränkungen fühle ich mich so gut wie noch nie zuvor."* Meine Haut würde zarter und in den Brüsten tut sich etwas. Aber besonders das Androcur hätte schon viel bewirkt, denn mir passen Bikini-Höschen immer besser. Auch meine Gefühle hätten sich spürbar verändert, denn beim kleinsten Anlass würden mir die Tränen in die Augen schießen.

> ➢ Mehr zum Thema siehe unter
> Wissenswertes – Hormonersatztherapie

Die Barthaar-Epilation

Januar 2020: Bereits vor einigen Monaten hatte ich bei meiner Krankenversicherung unter anderem auch die Kostenübernahme für eine Barthaar-Epilation beantragt, jedoch dazu keine Antwort erhalten. Nach einer Erinnerung bekam ich ein Schreiben mit einer Entschuldigung, dass die gesetzliche Frist nicht eingehalten wurde und dass deswegen die Kostenübernahme gewährt werden müsse.

Ich habe anschließend sehr lange nach einer Hautarztpraxis suchen müssen, welche eine Barthaar-Epilation durchführen kann. Der frühste Termin war dann erst vier Wochen später. Um es vorweg zu nehmen, es war die chaotischste ärztliche Behandlung, die ich jemals erlebt habe.

Der erste Termin

Januar 2020: Endlich war es so weit. Ich saß fast zwei Stunden lang als bärtige Frau im Wartezimmer der Hautärztin. Ich fühlte mich unsicher, doch die anderen Patienten interessierten sich nicht für mich. Endlich hatte die Ärztin Zeit für mich. Sie schaute mir ins Gesicht und ich sagte, dass sie sicher schon erkannt habe, weshalb ich zu ihr gekommen sei. Ich übergab ihr das Schreiben meiner KV.

Anschließend wäre ich fast vom Stuhl gefallen, denn sie sagte, dass die KV nur eine Kostenübernahme für eine Nadelepilation bestätigt habe. Sie hätte die dazu notwendigen Geräte schon lange nicht mehr in ihrer Praxis, weil so eine Behandlung für die Patienten unzumutbar sei. Sie behandle nur noch mit schmerzfreien Lasergeräten.

Nach einigen Hin und Her erklärte ich ihr, dass ich die Behandlung auf jeden Fall per Laser durchführen lassen will. Sie konnte trotzdem nicht gleich mit der Behandlung beginnen. Ich solle einen neuen Termin vereinbaren und in der Zwischenzeit bei meinem Hausarzt einen HIV-Test machen lassen. Dies sei notwendig, weil bei der Laserepilation Dämpfe aufsteigen würden und die Gesundheit der Behandelnden nicht gefährdet werden dürfe. Ich denke aber, dass es eine Ausrede war um nicht sofort mit der Behandlung zu beginnen. Wahrscheinlich spielten dabei auch alte Vorurteile gegenüber Transgendern eine Rolle, wonach Transgender auch kein Blut spenden dürfen.

Ziemlich frustriert verließ ich die Arztpraxis. Im Auto habe ich mich rasiert und notdürftig geschminkt. Ich hatte in weiser Voraussicht meine Badesachen dabei, so dass ich meinen Frust beim Schwimmen abreagieren konnte.

Ich schrieb meiner KV, dass sie mir bitte bestätigen sollen, dass in der Kostenübernahme auch die Laserepilation eingeschlossen ist. Sie bestätigten mir dies dann auch postwendend.

HIV-Test

Am nächsten Morgen ging ich wegen der notwendigen Blutuntersuchungen für den HIV-Test zu meinem Hausarzt. Dort wurde ich wieder einmal bevorzugt behandelt. Von der Arzthelferin bekam ich ein Kompliment für meine schicke Kleidung. Ich liebte es! Und sie wusste es ganz offensichtlich.

Ich erhielt das Ergebnis des HIV-Tests innerhalb weniger Tage. Wie zu erwarten ohne Befund. Die Laborkosten musste ich selber bezahlen, was mich darin bestätigte, dass der Test nicht wirklich notwendig war.

Die Laserepilation

Endlich war mein erster Termin für die Laserepilation. Am Morgen war ich etwas ratlos. Normalerweise steht rasieren und schminken auf dem Programm, doch wegen der besseren Wirksamkeit der Laserepilation sollten die Bartstoppeln sichtbar sein. Also habe ich mir einen kräftigen Lippenstift aufgetragen, um vom Bartschatten abzulenken.

Chaos in der Arztpraxis

Bei Ankunft in der Praxis der Hautärztin stand ich trotz Termin zunächst in einer langen Warteschlange der Anmeldung. Als ich endlich an der Reihe war, entschuldigte sich die Arzthelferin für das Chaos. Sie hätten vor Tagen auf ein neues Computersystem umgestellt. Mich wunderte nichts mehr, denn auf den Rückseiten der Bildschirme war ein angebissener Apfel zu sehen und ganz offensichtlich waren auch die Patientendaten angefressen worden. Man wollte mich gleich wieder nach Hause schicken, weil mein Termin nicht im System zu finden war. Glücklicherweise hatte ich den Terminzettel dabei, so dass kein Zweifel an meiner Reservierung bestand. Nachdem meine Versichertenkarte in das System eingelesen war, sollte ich in den Wartebereich gehen.

Nach etwa einer halben Stunde wurde ich aufgerufen. Eine Arzthelferin führte mich in ein Behandlungszimmer und machte ein Foto von meinem Gesicht. Nach weiteren zehn Minuten kam die Ärztin. Sie erzählte mir einiges über die bevorstehende Behandlung und überreichte mir eine Schutzbrille.

Es wird unangenehm riechen

Dann öffnete sie das Fenster mit der Bemerkung, dass es gleich unangenehm riechen werde. Auf ihre Frage, welche Bereiche meines Gesichts behandelt werden sollen, antwortete ich mutig *„so viel wie möglich"*. Die Ärztin wollte jedoch erst einmal nur den Bereich um den Mund behandeln und abwarten, wie ich darauf reagiere.

Für Schönheit muss Frau leiden

Dann setzte sich die Ärztin eine Atemschutzmaske auf, so dass ich ihre weiteren Anweisungen kaum noch verstehen konnte. Und los ging es. Der erste Laserschuss traf den Bereich unterhalb meiner Nase. Weiter ging es Schlag auf Schlag. Jedes Mal ein kurzer, aber unerwartet heftiger Schmerz. Die Tränen schossen mir immer mehr aus den Augen. Ich musste die Zähne zusammenbeißen. Nach gefühlten drei Minuten war die Tortur zu Ende. Es stank nach verbrannter Haut und es fühlte sich auch genauso an. Wie heißt es doch? „Für Schönheit muss Frau leiden." Die Arzthelferin trug eine Salbe auf, so dass die Schmerzen nachließen. Die Ärztin sagte mir, dass ich mir einen neuen Termin für in sechs Wochen geben lassen solle.

Konnte mich nicht in die Öffentlichkeit wagen

In der Anmeldung musste ich wieder warten. Ich holte mir einen kleinen Spiegel aus meiner Handtasche, um mich anzuschauen. Ich erschrak, so könnte ich mich nicht in die Öffentlichkeit wagen! Die Ärztin kam noch einmal zu mir um mich darauf hinzuweisen, dass ich vier Wochen lang die Sonne meiden solle. Ich war froh, dass Winter war und ich keinen Urlaub geplant hatte.

Wegen des Chaos in der Praxis bat man mich die Behandlungskosten selbst zu bezahlen und diese mir dann von meiner KV erstatten zu lassen.

Anruf der Hautärztin

Ich war gerade mit dem Abendessen beschäftigt, als das Telefon läutete. Die Hautärztin vom Morgen war dran. Sie entschuldigte sich zunächst für das Chaos in ihrer Praxis. Deshalb hätte sie völlig übersehen zu prüfen, welcher Leistungsumfang von der KV abgedeckt sei. Die KV würden nach veralteten Kostensätzen abrechnen. Sie aber hätte bei mir das modernste Gerät verwendet, so dass die Kosten nicht abgedeckt seien. Sie würde versuchen das abzuklären und ich solle mich bitte erst einmal deswegen nicht an die KV wenden.

Auf meine Frage, was das jetzt für mich bedeutet wiederholte sie ihre Aussage wieder und wieder. Ich musste ihr mehrmals ins Wort reden um zu erfahren, ob mein nächster Behandlungstermin bestehen blieb. *„Ja, aber ...“*

Mir blieb aus dem Gespräch, dass die KV ganz offensichtlich auch Ärzte in den Wahnsinn treibt.

Keine weiteren Behandlungen mehr

März 2020: In der Zwischenzeit waren die Brandwunden als Folge der ersten Laserepilation verheilt. Der Bartschatten unter meiner Nase war so gut wie verschwunden. Ich kam zu der Überzeugung, dass eine weitere Behandlung wahrscheinlich mehr Schaden als Nutzen zur Folge haben würde. Dazu kam, dass ich zwischenzeitlich von dem nicht besonders guten Ruf der Hautärztin erfahren hatte.

Mein nächster Termin für eine Laserepilation fiel in den Beginn des Shutdowns. Wie zu erwarten, erhielt ich eine Absage. Wir vereinbarten einen weiteren Termin in vier Wochen. Fast wie wieder zu erwarten war, erhielt ich kurz vor dem nächsten Termin einen Anruf von der Hautarztpraxis. Als Grund für die erneute Terminverschiebung wurden Wartungsarbeiten an den Geräten genannt. Ich glaubte es nicht wirklich. Ich sagte, dass ich kein Interesse mehr an einer weiteren Behandlung hätte und sie mich aus der Patientenkartei streichen sollen. Ich würde mir jetzt eine andere Hautarztpraxis suchen.

Ich konnte mich nur wundern

Es dauerte nicht lange, als mich die Ärztin selbst anrief, um sich nach den Gründen für den Abbruch der Behandlung zu erkundigen. Ich solle die Rechnung der ersten Behandlung nicht an meine KV einreichen, denn sie werde mir die Kosten zurückerstatten. Ich konnte mich nur wundern und habe meine Entscheidung nicht revidiert.

Bis heute habe ich keine weiteren Behandlungen mehr vornehmen lassen. Der Bartwuchs hat sich aufgrund der Hormontherapie verlangsamt, so dass so gut wie kein Bartschatten sichtbar ist. Des Weiteren würde nur eine aufwendige Nadelepilation wirksam sein.

> ➢ Mehr zum Thema siehe unter
> Wissenswertes – Barthaar-Epilation

Per Dienstreise zum Ball

Wie bereits in den Jahren zuvor wollte ich wieder an einem Ball der Queer-Community in Dresden teilnehmen, dazu konnte ich die notwendige Reise mit einer Dienstreise verbinden. Noch ahnte ich nicht, dass es meine letzte Dienstreise in meinem alten Beruf sein würde. Das Thema des Balls lautete „Verrückte Märchenwelt". Was lag näher, mich dazu als Prinzessin zu kleiden. Die Erlebnisse mit meinem Ballkleid waren dann fast verrückter wie der Ball selbst.

Was sich Frau in den Kopf gesetzt hat

Januar 2020: Im Internet fand ich eine Unmenge an Kostümen und entschied mich für ein Eisprinzessinnen-Kleid. Es kostete nur 40€, was mich hätte stutzig machen sollen. Drei Tage später war das Päckchen vom Kostümversand da. Beim Auspacken erlebte ich die erste Enttäuschung, denn das Kleid war nicht zusammengelegt verpackt worden, sondern einfach in eine Tüte gestopft und deswegen schlimm zerknittert. Eigentlich hätte ich es gleich wieder zurücksenden sollen. Doch was sich Frau einmal in den Kopf gesetzt hat … Einige Tage später bügelte ich das Kleid eine Stunde lang ganz vorsichtig und probierte es an. Ich stellte mich vor den Spiegel und erschrak: eine Naht war geplatzt! Warum nur hatte ich das Kleid nicht sofort zurückgesendet? Doch was sich Frau einmal in den Kopf gesetzt hat …

Hat der Froschkönig vergessen dich zu küssen?

Es gelang mir die geplatzte Naht zu reparieren. Dabei war es spät geworden, ich probierte das Kleid noch einmal an und machte ein Selfie (Bild), um es meiner Freundin zu senden. Sie antwortete: *„Dein Gesichtsausdruck sieht aus, als wenn der Froschkönig vergessen hätte dich zu küssen."* Na ja, einer guten Freundin konnte ich es verzeihen.

Eine Korsage musste her

Mein Dekolleté schaute nicht wirklich schön aus. Der dünne Stoff des Kleides bot keinen Halt, ein normaler BH würde herausschauen und mein Bauch benötigte auch mehr Halt. Eine Korsage musste her! Ich habe daraufhin in etlichen Münchner Dessous Shops vergeblich nach etwas Passendem gesucht. Entweder waren die Korsagen mit aufwendiger Schnürung, nicht in meiner Größe verfügbar oder unverschämt teuer. Ich habe

Eisprinzessin

dann im Internet gesucht und hatte nach zwei Stunden Suche endlich etwas Passendes gefunden. Beim Preis musste ich schlucken, doch was sich Frau einmal in den Kopf gesetzt hat ...

Ab jetzt ohne Perücke

Februar 2020: Ich nutzte einen arbeitsfreien Tag für den Besuch in „meinem" Friseursalon, dabei hatte ich Glück, denn die Chefin selber hatte Zeit für mich. Sie erinnerte sich noch an meinen ersten Besuch vor etwa zwei Jahren. Dieses Mal kam ich jedoch ohne Perücke und es war nicht zu übersehen, dass das Nachfärben meiner Haare überfällig war. Sie entnahm die Werte für das Haarfärbemittel aus der Kundenkartei. Ihr Angebot auch meine Augenbrauen zu behandeln, konnte ich nicht ausschlagen. Sie wurden ebenfalls gefärbt und in Form gezupft. Dann wurden noch die Haarspitzen geschnitten und mit Föhn und Rundbürsten eine wunderschöne Frisur gezaubert. Mein Spiegelbild war der Wahnsinn! Noch nie zuvor hatte ich so schöne natürliche Haare. An der Kasse kam jedoch die Ernüchterung. Noch nie zuvor hatte ich eine so hohe Rechnung.

Wie übersteht die Frisur die Nacht?

Ich hatte jetzt eine tolle Frisur und sollte am nächsten Tag in München eine Schulung halten. Dazu wollte ich super ausschauen, nur wie könnte die Frisur die Nacht überstehen? Ich versuchte einen Tipp zu befolgen, indem ich fast sitzend geschlafen habe. Die Frisur hatte die Nacht gut überstanden, aber ich nicht wirklich. Als ich dann in München am Marienplatz die Rolltreppe hochkam, war es um meine schöne Frisur geschehen. Ich kann nicht zählen, wie viele Windböen mich auf dem Weg bis zum Büro zur Verzweiflung getrieben haben. Im Büro habe mir die Haare mit den Fingern wieder notdürftig zurecht gemacht. Meine Kolleginnen lobten trotzdem meine neue Frisur. Jetzt schaute ich auch ohne Perücke deutlich femininer aus.

Das Abenteuer mit der Bahn zu reisen

März 2020: Am Donnerstag vor dem Ball stand ich bereits um 6 Uhr auf, nach einer Stunde im Bad, etwas Frühstück, die letzten Sachen im Koffer verstauen, schnell noch die Wohnung aufräumen und schon war es fast 9 Uhr. Jetzt aber schnell aus dem Haus, denn das bestellte Taxi würde jeden Moment kommen. Ich musste dann auch keine Minute lang warten. Bei der Ankunft am Bahnhof stand auch schon bereits meine Bahn da. In München das erste Mal umsteigen. Der Wagen mit dem von mir reservierten Sitzplatz befand sich wieder einmal am anderen Ende des Zuges, also ganz weit draußen außerhalb der Bahnhofshalle. In Erfurt musste ich erneut umsteigen. Der Wagen mit meinem reservierten Platz sollte im Bahnsteigbereich „E" halten. Doch als der Zug einfuhr, hielt der erwartete Wagen nicht in diesem Bereich. Also rannte ich mit meinem Rollkoffer den Zug entlang, um meinen Wagen zu finden. Aus Angst, dass der Zug jeden Moment weiterfahren würde, stieg ich vorsichtshalber in den nächst besten Wagen ein.

Ich durfte nicht darüber nachdenken

Eigentlich hätte ich es besser wissen müssen, wie Frau mit ihrer Handtasche umgehen muss, doch ich hatte sie leichtsinniger Weise einfach über die Schulter gehängt. Beim Versuch meinen Koffer in den Zug zu wuchten, rutschte sie mir prompt von der Schulter. Sie blieb glücklicherweise auf der untersten Stufe der Treppe liegen. Wäre sie etwas tiefer gefallen, dann wäre meine Reise erst einmal zu Ende gewesen. Ich durfte nicht darüber nachdenken! Im Wagen waren fast alle Plätze frei. Der Zug setzte sich in Bewegung und kurze Zeit später kam ein Zugbegleiter um meine Fahrkarte zu kontrollieren. Ich sagte zu ihm: *„Irgendetwas stimmt nicht, denn ich konnte meinen reservierten Platz nicht finden."* Er: *„Kein Problem. In Leipzig wird der Zug geteilt und Sie müssen in den vorderen Teil wechseln. Dazu haben Sie aber ausreichend Zeit."* So war es dann auch. Nach etwa einer weiteren Stunde Fahrt kam ich im Bahnhof Dresden Neustadt an. Ich schleppte meinen Koffer die Treppen hinab. Etwa 300 Meter zu Fuß bis zum Albertplatz und mit der Straßenbahn weiter bis zum Hotel.

Ich wurde verwundert angeschaut

Bei der Ankunft im Hotel erwartete mich ein ungewohnter Anblick. Ich war schon viele Mal in diesem Hotel, aber so menschenleer hatte ich es noch nie erlebt. Die Dame an der Rezeption schaute mich verwundert an, erst vor dem Spiegel im Fahrstuhl wurde mir der Grund dafür bewusst: Der Wind hatte meine Haare wild zerzaust. Mit einer Perücke wäre das nicht passiert. Mir war es mir von der Kofferschlepperei richtig warm geworden, so dass ich mich im Hotelzimmer zunächst frisch machen und umziehen musste. Anschließend fuhr ich mit der Straßenbahn zum Shopping in das Dresdner Zentrum.

Alles für die Katz?

Für mein Outfit für die Warm-up Party am nächsten Abend fehlten mir noch Netzstrümpfe. In einem Kaufhaus fand ich, was ich suchte. An der Kasse bedienten mich zwei Verkäuferinnen, denn ich war weit und breit die einzige Kundin. Es war unheimlich, so ein menschenleeres Kaufhaus hatte ich noch nie erlebt.

In der Fußgängerzone gingen mir viele Gedanken durch den Kopf. Plötzlich schoss es durch mich, so dass ich am liebsten hätte laut aufgeschrien: Meine Eintrittskarte für den Ball lag noch daheim! Sollte die Reise jetzt für die Katz sein? Mir kam die Idee, in das Lokal zu gehen, wo die Warm-up Party stattfinden sollte. Kaum war ich im Lokal, wenn mich der Wirt schon mit einem großen Hallo empfing. Er hatte mich sofort wiedererkannt, so dass ich wegen meiner vergessenen Eintrittskarte nicht viel erklären musste. Er sagte, dass es kein Problem sei, ich solle einfach kommen. Ich bestellte mir sein Tagesangebot zum Essen und dazu ein Pils. Danach ging es mir wieder besser.

Business Woman

Freitag vor dem Ball: Ich stand bereits um 6 Uhr auf. Ich hatte an diesem Tag in der Firma ein Audit durchzuführen und wollte mir dazu besonderen Respekt verschaffen indem ich als professionelle „Business Woman" auftrat, also im Nadelstreifen-Kostüm mit offenherziger Bluse. Aber ich war auch stolz auf meine Weiblichkeit und warum sollte ich es nicht zeigen? Zum Frühstück im Hotel traf ich mich mit einer Kollegin, die mich anschließend in ihrem Auto zur Firma mitnahm. Bei der Ankunft musste ich mich nicht groß vorstellen, denn ich war nicht das erste Mal in meiner neuen Rolle hier. Die Arbeitszeit verging wie im Fluge. Wieder einmal wurde mir deutlich mehr Respekt entgegengebracht, wie ich es von früher als Mann kannte. So machte mir meine Arbeit richtig Freude.

Noch nie einen so unhöflichen Menschen erlebt

Am Nachmittag musste ich mir nach der Verabschiedung in der Firma den Weg zum Hotel mit Bus und Straßenbahn suchen. Dazu musste ich mir beim Busfahrer eine Fahrkarte kaufen. Ich habe noch nie zuvor einen so unhöflichen Menschen erlebt. Ich weiß nicht, ob der Busfahrer ein Problem mit mir als Transfrau[22], oder ein generelles Problem mit allen Business-Frauen hatte?

Hätte ich mir denken können

Als ich die Tür meines Hotelzimmers öffnen wollte, passierte absolut gar nichts. Meine Karte war offensichtlich nicht mehr gültig. Ich hätte es mir eigentlich gleich denken können, dass es nicht ohne Probleme gehen würde, wenn ich ein Zimmer erst dienstlich und anschließend privat buche. An der Rezeption bekam ich unverzüglich eine neue Karte.

---

22 „Transphobie" beschreibt die emotionale Verachtung von Menschen, die nicht den Geschlechtserwartungen der Gesellschaft entsprechen, oder die gesellschaftliche Diskriminierung und Stigmatisierung von Menschen, die nicht den traditionellen Normen des biologischen und sozialen Geschlechts entsprechen.

Die Warm-up Party

Auf die jetzt kommende Verwandlung in ein „Party Girl" hatte ich mich schon lange gefreut. Als Outfit wählte ich ein tief ausgeschnittenes Kleid mit viel Glitzer, schwarze Netzstrümpfe und Pumps mit hohen Absätzen (Bild). Vom Hotel bis zur Warm-up Party waren es ein paar Straßenbahn-Haltestellen, dabei war ich trotz meines Mantels ein Hingucker. Ich war eine der Ersten im Party-Lokal und kam mit den bereits anwesenden Mädels sofort ins Gespräch. Das Lokal füllte sich langsam. Das Buffet wurde eröffnet und ab etwa 22 Uhr kam mit Molly Wood („120 kg ohne Knochen") die richtige Stimmung auf.

Party Outfit

Wie verrückt kann ich nur sein?

Nach dem langen Tag war um Mitternacht meine Zeit für den Abschied gekommen. Es regnete und der Weg zur Straßenbahn-Haltestelle war wegen des nassen Kopfsteinpflasters mit meinen hohen Absätzen extrem anstrengend. Ich dachte mir dabei, wie verrückt kann ich nur sein? Den Weg bis in mein Hotelzimmer habe ich ohne „Unfall" geschafft. Erst beim Ausziehen meiner Pumps wurde mir bewusst, warum mein Klack-Klack beim Laufen so unterschiedlich klang: wieder einmal war ein Absatz das Opfer des Dresdner Kopfsteinpflasters geworden.

Der Zimmerservice hatte es geschafft

Es war Samstagmorgen und es regnete. Was sollte ich an so einem Tag anstellen? Am besten war es, erst einmal lange und ausgiebig zu frühstücken. Dabei machte ich erste Bekanntschaften mit anderen Mädels, die ebenfalls zum Ball angereist waren.

Zurück in meinem Zimmer musste ich mit Schrecken feststellen, dass der Zimmerservice zwischenzeitlich drin gewesen war. Er hatte es irgendwie geschafft, sich durch meine wild durcheinander liegenden Sachen durchzuarbeiten.

Im Kaufrausch

Mit einem Regenschirm ausgerüstet machte ich mich mit der Straßenbahn auf den Weg in das Dresdner Zentrum. Eigentlich hatte ich keine Kaufwünsche. Doch in einem Schuhgeschäft sah ich tolle High Heels und mir fiel der verlorene Absatz vom Vorabend ein. Also musste ich sie sofort anprobieren! Sie passten, aber ob ich damit Laufen konnte, war mir egal.

Im nächsten Kaufhaus stach mir ein gelber Bikini in die Augen. Weiter entdeckte ich eine total feminine Tunika. Sie war aus durchsichtiger weißer Spitze und traumhaft schön, also hinein damit in meinen Einkaufskorb! Ich kann nicht aufzählen, was noch alles in meinem Einkaufskorb landete. Ein paar Schritte weiter lachte mich am Eingang eines italienischen Mode Shops eine wunderschöne Bluse mit vielen Rüschen an. „Haben muss ich!"

Treffen mit meiner Freundin

Meine Dresdner Freundin rief mich an. Wir verabredeten uns, dass wir uns in der Altmarkt Galerie treffen. Sie würde mich anhand meiner roten Hose und einer großen Einkaufstasche sofort erkennen. Wir fanden in einem Café einen freien Tisch. Sie erzählte mir von ihrer neuen Stelle, die sie jedoch aus Angst vor Diskriminierungen[23] in ihrer männlichen Rolle angetreten hatte.

Ein schreckliches Geräusch

Meine Freundin war mit in mein Hotelzimmer gekommen, damit wir uns gemeinsam für den Ball fertig machen konnten. Dank ihrer Hilfe war das Anziehen meines Prinzessinnen-Kleides deutlich einfacher wie Daheim. Ich setzte mich auf das Bett, um meine am Morgen gekauften High Heels anzuziehen. Beim nach vorne beugen hörte ich

---

23 Umfragen unter Trans*Personen haben ergeben, dass überdurchschnittlich viele in leitenden Positionen arbeiten, aber 42% aus Angst um ihren Arbeitsplatz ihre Transidentität nicht zeigen, oder gar auf einen Geschlechtswechsel verzichteten. Andererseits kann ein Coming-out am Arbeitsplatz für Trans*Personen wichtig sein, um frei von Geschlechtsdysphorie zu sein sowie ohne Angst vor Entdeckung leben zu können.

ein schreckliches Geräusch. Es hatte den Reißverschluss des Kleides zerrissen! Ich wusste nicht, ob ich lachen oder weinen sollte. Glücklicherweise hatte ich es bereits Daheim irgendwie geahnt und in weiser Voraussicht mein Ballkleid vom Vorjahr mit in den Koffer gepackt. Fünf Minuten später war ich drin. Im tiefen Ausschnitt des Kleides war meine Korsage zu sehen. Aber wer sollte Zweifel daran haben, dass dieser Einblick keine Absicht war?

Der Ballabend

Vor dem Eingang des Ballsaals hatte sich eine lange Schlange gebildet. Es war die Gelegenheit, um zu sehen und gesehen zu werden. An der Einlasskontrolle freute ich mich, denn man erkannte mich sofort und ließ mich auch ohne die daheim liegen gelassene Eintrittskarte eintreten. Der Ballabend wurde eröffnet. Auf der Bühne folgten Schlag auf Schlag tolle Travestie-Shows. Dabei musste ich mit Erstaunen feststellen, dass ich am Vorabend während der Warm-Up Party völlig ahnungslos neben einer der Künstlerinnen gesessen hatte.

Selbstgewähltes Leid

Es wurde das Buffet eröffnet. Für einige „Damen" war es wegen ihrer weit ausladenden Röcke nicht ganz einfach, sich am Buffet zu bedienen. Ich hatte kein großes Mitleid, denn es war ein selbstgewähltes Leid. Aber das traf irgendwie auch auf mich zu, denn ich musste mich wegen meines engen Korsetts beim Essen stark einschränken. Als Frau hat man es wirklich nicht leicht! Weiter ging es mit der Vorstellung der Siegerinnen zur Miss-Wahl. Meine Favoritin siegte. Sie trug ein weit ausladendes Kleid in Regenbogen-Farben. Anschließend wurde die Tanzfläche freigegeben.

Erinnerung an mein Coming-out

Meinen Freundinnen und mir war jedoch schon alleine wegen unserer hohen Absätze nicht zum Tanzen zu mute. Wir hatten uns viel zu erzählen und setzten dazu uns ins Foyer. Dabei erzählte ich neben anderem von meinem ersten Coming-out gegenüber Kollegen, welches genau hier an der Bar im Hotel-Foyer erfolgte. Es war schon lange nach Mitternacht, als ich mich auf mein Zimmer zurückzog. Am nächsten Morgen war wegen der Heimreise kein Ausschlafen möglich.

Die Heimreise

Ich wählte für die Heimreise einen langen weiten Rock, einen flauschigen Pullover sowie meine langen Stiefel. Im Hotelrestaurant hatte ich den Eindruck, dass ich nicht die erste war, die so früh abreisen musste. Zurück in meinem Zimmer überlegte ich kurz, ob ich mein tragisches Prinzessinnen-Kleid im Hotelzimmer „vergessen" sollte. Aber dann habe ich es doch lieber in meinen Koffer gestopft. An der Rezeption musste ich zwei getrennte Rechnungen zahlen: eine dienstlich und eine privat. *„Auf Wiedersehen in drei Wochen, sofern bis dahin Corona nicht alle Reisen unmöglich gemacht hat."* Was dann leider eintraf.

Meinen Ausweis zeigen

Ich rumpelte mit meinem Rollkoffer zur Straßenbahn-Haltestelle. Am Bahnhof Dresden Neustadt musste ich noch etwa 15 Minuten warten. Der ICE war ungewöhnlich leer, so dass der Zugbegleiter nicht nur das Ticket, sondern auch meinen Ausweis sehen wollte. Ich musste ihn leider enttäuschen, denn auch darin konnte er den Namen „Claudia" lesen. Während meiner unzähligen Bahnfahrten musste ich noch nie zuvor meinen Ausweis zeigen. In Erfurt musste ich wieder umsteigen, was erstaunlich problemlos klappte. Der bis München fahrende ICE war ebenfalls ungewöhnlich leer. Ich konnte während der Fahrt in meinem neu herunter geladenen E-Book „Quality-Land" von Mark-Uwe Kling lesen. Er beschreibt darin eine bedrückende Zukunftsvision mit vielen Parallelen zu Heute.

Erkennbar am sehr großen Koffer

Verspätungen bei der Bahn war ich gewohnt, aber dieses Mal entschuldigte sich der Zugführer bei der Ankunft in München, dass wir zu früh ankamen. Mein Umsteigen klappte deswegen völlig ohne Eile. Während der Weiterfahrt mit der S-Bahn versuchte ich mir ein Taxi zu reservieren. Alle zunächst angerufenen Taxiunternehmen waren ausgebucht. Endlich hatte ich Erfolg. Damit man mir das Taxi nicht vor der Nase wegschnappt sagte ich, dass ich anhand meines schwarzen Mantels und eines relativ großen Koffers erkennbar sei. Beim Aussteigen aus der Bahn sah ich bereits mein Taxi. Ich winkte der Fahrerin zu, sie freute sich sichtlich darüber. Während der Fahrt sprachen wir über die Angst vor dem Corona-Virus.

Mein letzter Arbeitstag im Büro

Am Montag nach dem Ball zog ich selbstverständlich meine neue Rüschen-Bluse im Büro an. Was ich an diesem Tag noch nicht ahnte war, dass es wegen des Lockdown mein absolut letzter Arbeitstag im Büro sein sollte, denn ab der nächsten Woche wurde Home-Office angeordnet.

Der letzte Besuch in der Therme

Wie fast jede Woche zuvor, besuchte ich wieder einmal eine Therme, um mich unter anderen in der Sauna gesund zu schwitzen. Für den Besuch im Restaurant der Therme ließ ich es mir nicht nehmen, meine neue Tunika anzuziehen. Die Bedienung kannte mich mittlerweile und freute sich über meinen Besuch. Es sollte wegen des Lockdown für lange Zeit der letzte Besuch in der Therme sein.

Mein alter Name war noch im System

Mai 2020: Meine Personenstandänderung war bereits seit fast einem Jahr Geschichte. Nachdem ich meinen neuen Personalausweis erhalte hatte, testete ich damals sofort die Online-Ausweisfunktion. Ich konnte mit der „AusweisApp" im Handy den Chip im neuen Personalausweis problemlos auslesen. Diese Online-Ausweisfunktion hatte ich bisher nur zur Identifikation gegenüber der Rentenversicherung (DRV) benötigt. Also testete ich den Zugang zur DRV mit meinem neuen Ausweis. Eigentlich hätte ich es mir gleich denken können, dass es nicht mehr funktionierte. Ich bekam die Fehlermeldung, dass mein Name nicht bekannt ist. Dummerweise hatte ich die Kommunikation mit der DRV auf die Online-Dienste umgestellt und verpasst, sie mit meinem alten Ausweis abzumelden. Jetzt hatte ich keinen Zugang mehr zu meinem „ePostfach".

Ich wusste von anderen Institutionen, dass als Nachweis meiner Namensänderung eine Kopie meines neuen Ausweises notwendig ist. Ich verfasste ein Schreiben indem ich meine Personenstandänderung erklärte und neben einer Ausweiskopie auch Kopien meiner alten und neuen Geburtsurkunde beilegte. Ich erhielt jedoch monatelang keine Rückmeldung, so dass ich mehrmals an meinen Antrag erinnerte. Ich hatte es schon fast aufgegeben, als ich endlich eine Antwort erhielt. Man entschuldigte sich und bat mich erneut um eine Kopie meines Personalausweises. Man schrieb mir anschließend, dass meine Daten korrekt hinterlegt seien. Ich konnte mich jetzt anmelden, hatte aber weiterhin keinen Zugang zu meinen Daten. Dabei entdeckte ich, dass sich weiterhin mein alter Name im System befand. Nachdem ich dies reklamiert hatte, funktionierte endlich mein Zugang.

Abschied aus meinem alten Beruf

März 2020: Wegen des Lockdown war für mich nur noch das Arbeiten im Home-Office möglich. Alle bereits geplanten Dienstreisen und Arbeitstreffen waren nicht mehr durchführbar, so dass ich in meinem alten Hauptberuf effektiv arbeitslos war. Es war ein deprimierender Zustand! Mich traf es besonders, weil ich endlich in meinem neuen Leben angekommen war und viel unter Menschen sein wollte. Die plötzliche Einsamkeit daheim war eine harte Probe für meine seelische Gesundheit. Während dieser Zeit kam mir die Idee, dieses Buch zu schreiben.

Nahe am Wasser gebaut
Drei Monate später erhielt ich das Angebot meinen Arbeitsvertrag vorzeitig zu beenden, wobei mein Gehalt noch einige Monate weiter gezahlt würde. Deshalb fiel mir die Entscheidung nicht schwer. Womit ich unter diesen Umständen wirklich nicht gerechnet hatte war, dass man für mich eine Abschiedsfeier organisierte.

Dazu rief mich eine Kollegin aus der Personalabteilung an. Während des Telefongesprächs brachen mir die Tränen aus, was sie dann auch bemerkte. Sie verstand es, dass ich unter anderem aufgrund meiner Hormontherapie jetzt „nahe am Wasser gebaut" war, denn sie hatte während der letzten Jahre meine Wandlung mitverfolgt.

In normalen Zeiten hätte ich mich von meinen Team Kolleginnen und Kollegen mit einem gemeinsamen Abendessen verabschiedet. Jetzt aber war dies nur im Rahmen einer Telefonkonferenz möglich, wobei mir ebenfalls dicke Tränen in den Augen standen.

Meine Haare waren grau(sam)

Juni 2020: Wegen des Lockdown war es monatelang nicht möglich einen Friseursalon zu besuchen. Immer mehr graues Haar kam zum Vorschein, so dass ich am liebsten wieder eine Perücke getragen hätte. Am Tag vor meiner Abschiedsfeier stand ich extra früh auf, um die Erste beim Öffnen des Friseursalons zu sein. Ich ließ das ganze Programm über mich ergehen: Waschen, Nachfärben, Kopfhaut Massage, Spitzen schnei-

graue Haare

den, Bürsten und Föhnen. Ich freute mich, als meine Friseuse anmerkte, dass meine Haare an kritischen Stellen wiederkämen. Ein offensichtlich erster sichtbarer Erfolg meiner Hormonersatztherapie. Nach zwei Stunden schaute ich wieder super aus, doch Frau-sein ist ganz schön teuer.

Das neue Dirndl

Juni 2020: Meine Gedanken kreisten nur noch um die Frage, was kann ich während der Abschiedsfeier anziehen? Ich war die erste Transfrau in der Firma und wollte auf jeden Fall in guter Erinnerung bleiben. Auch wenn bereits vier Dirndl in meinem Kleiderschrank hingen, so konnte ich nicht widerstehen zu einem Trachten Outlet zu fahren, um mir ein weiteres Dirndl zu kaufen. Auf die Frage der Verkäuferin, ob sie mir helfen könne antwortete ich, dass ich ein Dirndl für eine Feier suche und mir dabei ein tiefes Dekolleté wichtig wäre. Ein langes schwarzes Dirndl in meiner Größe war schnell gefunden. Aber mit meinem Wunsch für eine passende Dirndl-Bluse hätte ich die Verkäuferin fast zur Verzweiflung gebracht. Sie hat mir bestimmt 20 verschiedene Blusen gezeigt. Alle waren mir dann bei der Anprobe zu hoch geschlossen. Dann hatte die Verkäuferin die Idee, ob ich nicht mit einen Dirndl-BH nachhelfen möchte? Welche Größe? Normal wäre 85D, aber 85C war sicher wirkungsvoller. Kurz darauf fand ich endlich eine Bluse, mit der mir mein Spiegelbild gefiel. Zum Schluss suchte ich mir noch eine schöne blaue Schürze aus.

Ein emotionsgeladener Tag

Juni 2020: Der Tag der Abschiedsfeier war gekommen. Während der letzten Wochen war ich einsam im Home-Office und konnte mir das Schminken sparen, aber an diesem Tag musste es perfekt sein.

Ich kam etwa eine Stunde vor Beginn der Feier in der Firma an und erhielt viele Komplimente für mein Outfit. Ich war deshalb so stolz, dass die befürchteten Abschiedstränen keine Chance hatten.

Die Abschiedsfeier fand in einem Konferenzraum statt und wurde per Video an einen weiteren Firmenstandort übertragen. Es wurden Reden gehalten, so dass ich mich sehr geehrt fühlen konnte über das während der vielen Jahre Erreichte.

Auch ich hatte eine Rede vorbereitet. Ich nutzte die Gelegenheit um offen über Dinge zu sprechen, die mir früher peinlich gewesen wären. So zum Beispiel, warum ich vor vielen Jahren plötzlich tagelang fehlte und ich anschließend keine Ambitionen mehr auf eine Kariere hatte. Selbstverständlich erzählte ich auch eine Geschichte aus der Zeit meiner Wandlung, zum Beispiel als ich während einer Dienstreise das Hotelzimmer für zwei Personen bezahlen sollte, denn angeblich hätten ein Mann und eine Frau das Zimmer bewohnt. Um Probleme mit der Spesenabrechnung zu vermeiden, musste ich mich dann an der Rezeption als Transgender outen.

Die Feier endete mit Sekt und einem kleinen Buffet. Es wurden Erinnerungsfotos gemacht (Bild), auch per Handy, denn man wollte ganz offensichtlich auch anderen „die Claudia" zeigen. Mir konnte es nur recht sein, denn ich war stolz auf meine neue Rolle.

Um in Kontakt zu bleiben, verwies ich in meinem Abschieds-Rundschreiben an meine deutschlandweit über 500 Kolleginnen und Kollegen auf meine Web- und Social-Media Seiten. Ich erhielt daraufhin viele nette Rückmeldungen, worin man meine Offenheit lobte.

Das Radio-Interview

Juli 2020: Man hatte mir eine Anfrage für ein Interview mit dem Deutschlandfunk weitergeleitet. Dabei ging es um das Thema Radfahren, so dass ich nicht widerstehen konnte, sofort meine Bereitschaft zu erklären. Erst später kamen in mir Bedenken auf, ob ich mit meiner Stimme überhaupt für ein Radio-Interview geeignet sei?

Während eines ersten Telefongespräches mit der Moderatorin gewann ich den Eindruck, dass ich für das geplante Interview eine besonders interessante Persönlichkeit war. Wir vereinbarten einen Termin für die Aufzeichnung des Interviews. Ich war aufgeregt. Die Moderatorin stellte mir telefonisch Fragen, wobei ich meine Antworten aufzeichnen und ihr anschließend zusenden sollte. Leider war die Qualität der Aufzeichnung nicht zufriedenstellend, so dass wir das Interview wiederholen mussten. Ich kannte die Fragen mittlerweile auswendig und meine Aufgeregtheit hatte sich gelegt.

Die Sendung wurde einige Tage später gesendet und war auch über das Internet hörbar. Es war viel Aufwand für wenige Sekunden auf Sendung. Meine Verunsicherung betreffend meiner Stimme war völlig unnötig. Ich lernte, dass man sich selbst völlig anders hört, wie in einer Aufzeichnung. Es gibt auch Bio-Frauen mit einer tieferen Stimme. Aufgrund der Tatsache, dass ich an dem Interview teilgenommen hatte, bekundete man mir gegenüber viel Respekt. Ich war stolz und ich gewann mehr Selbstvertrauen. Meine Bekanntheit stieg, so dass mir deswegen neue Aufgaben angeboten wurden.

Neue Episoden

Mein Impfdrama

April 2021: Ich konnte die Nachrichten wegen des Corona Impfstoffes und des schleppenden Impffortschritts fast nicht mehr ertragen und hatte gehofft, dass ich vor dieser Problematik verschont bleibe. Ich wollte nur möglichst schnell geimpft werden, damit wieder normale Zeiten einkehren. Zunächst wurden Alte und Kranke bevorzugt geimpft, wozu ich mich nicht zählte und mich deswegen erst relativ spät für die Impfung registriert hatte.

Während der Registrierung waren verschiedene Fragen zu Erkrankungen zu beantworten. Aufgrund der medizinischen Fachausdrücke kann jedoch kein Normalbürger die Fragen wirklich richtig beantworten. Ich wusste nicht, ob und wie ich Angaben zu meinem ehemaligen Tumor oder meiner Hormontherapie machen sollte.

Ich war angenehm überrascht, als ich etwa zwei Wochen später einen Anruf vom Impfzentrum erhielt. Man wollte mit „Claudia" sprechen. *„Ja, die bin ich"*, „oh", *„möchten sie morgen einen Impftermin wahrnehmen?"*, *„ja, gerne"*.

Am Tag der Impfung war ich etwas aufgeregt, aber nur deswegen, weil nach dem ewig langen Einschränkungen endlich etwas passierte. Riesige Banner wiesen den Weg zum Eingang des Impfzentrums. Dort angekommen traute ich meinen Augen nicht. Ich musste mich in einer langen Schlange einreihen. Das konnte dauern!

Das Risiko sei zu hoch

In der Impfkabine erwartete mich ein Arzt. Auf dem Tisch lag bereits die für mich vorgesehene Spritze. Der Arzt schaute sich meine Unterlagen an und stellte mir Fragen zu meinem Befinden. Dabei sagte ich unter anderem, dass ich nicht immer eine Frau war und deswegen Hormone einnehme. Sofort änderte sich das Gesicht des Arztes in das eines Überraschten. Er wollte genaueres zu den Medikamenten wissen. Ich reichte ihm die vorsorglich mitgebrachten Beipackzettel. Der Arzt meinte, dass das Risiko zu hoch sei, mich wie vorgesehen mit dem Vaccine AstraZeneca zu impfen. Meine Medikamente wären ja genauso, wie die Pille bei jungen Frauen. (bei einigen wenigen

Frauen waren nach der Impfung Thrombosen aufgetreten). Der Arzt rief mit den Worten *„Wir haben hier wieder eine Kontraindikation"* eine Ärztin aus dem Nebenzimmer herein. Ich sollte der Ärztin folgen. Sie änderte meine Daten und gab mir einen neuen Termin für den nächsten Tag, wobei ich mit dem Vaccine BionTech geimpft werden sollte.

Ein neuer Anlauf

Am nächsten Tag traute ich meinen Augen nicht, denn anders wie am Vortag keine Warteschlange vor dem Impfzentrum. Die Ärztin nahm sich auffällig viel Zeit für mich. Es kam auch mein ehemaliger Tumor zur Sprache. Sie meinte, dass ich deswegen eigentlich in eine höhere Risikogruppe gehöre und bereits früher hätte geimpft werden können.

Jetzt sollte ich meinen Oberarm frei machen. Von der Impfung habe ich nichts gespürt. Ich sollte noch einen Moment lang einen Tupfer auf die Einstichstelle halten.

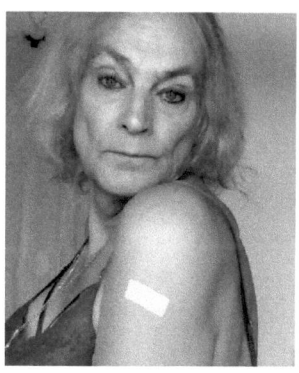

Ich bedankte und verabschiedete mich vom netten Impfteam. Sechs Wochen später hatte ich meinen zweiten Impftermin. Weitere sechs Monate später erhielt ich meine Booster-Impfung. Im Juli 2022 erwischte mich trotzdem das Virus.

frisch geimpft

Arbeitstreffen auf einer Burg

Juli 2021: Seit Anfang des Jahres war ich Mitglied in einer deutschlandweiten Arbeitsgruppe IT des Fahrradclubs, zu der wir uns bisher nur online treffen konnten. Endlich hatten wir die Gelegenheit zu einem Treffen auf Burg Rieneck im Spessart. Die Bahnfahrt war wieder einmal chaotisch. Ich nutzte die Gelegenheit für einen Besuch meiner Mutter und fuhr mit einem Leihwagen zum langen Wochenende auf der Burg. Das Arbeitstreffen verlief aufgrund der Klausur-Bedingungen sehr produktiv. An einem Abend nahmen wir an einer Führung auf den Turm der Burg teil. In völliger Dunkelheit erfuhren wir die schreckliche Geschichte von Kunigunde, die im Turm eingemauert wurde.

Dienstreisen mit dem Fahrrad

August 2021: Ich war seit einem Jahr an einem Projekt zur Ausschilderung eines neuen touristischen Radweges in Oberfranken beteiligt. Während dieser Zeit habe ich viele hundert neue Radwegweiser (Bild) und deren Standorte festgelegt. Die dazu notwendigen Dienstreisen mit dem Fahrrad gemeinsam mit einer Kollegin hätten auch eine schöne Urlaubstouren sein können. Doch es waren aufgrund der Pandemie nur sehr wenige Unterkünfte und Restaurants geöffnet, so dass dies zu Stress führte. Wir mussten zum Beispiel an einem Abend für unserer Abendessen etwa 10 km weit mit unseren Fahrrädern fahren.

Im August 2021 fand die Eröffnungsfeier unter der Teilnahme kirchlicher und politischer Prominenz in einer Kapelle östlich von Bamberg statt. Ich habe mir davor lange den Kopf zerbrochen, ob ich zu der Feier im Dirndl erscheinen soll. Aber Rock und Blazer waren dann angebrachter.

auf der Eröffnungsfeier

Nach der Feier nutzte ich die Gelegenheit zu einem Treffen mit Kolleginnen und Kollegen vom Forchheimer Fahrradclub. Im Anschluss an unsere Arbeitsbesprechung wurde ich in einen Bierkeller eingeladen. Dabei lernte ich das Fränkische Bier kennen und konnte die tolle Gastfreundschaft genießen. So macht die Arbeit wirklich Spaß.

Gemeinsam stark gegen Sexismus

Februar 2022: Ende 2020 hatte ich mich zum Bundesfreiwilligendienst verpflichtet. Mein wesentlicher Grund dafür war die Teilnahme an interessanten Seminaren. So auch am Seminar „Gemeinsam stark gegen Sexismus„. Das Thema interessierte mich sehr, denn es handelte vor allem von der sexuellen Diskriminierung von Frauen.

Für den Morgen des dritten Seminartages hatte ich mich bereit erklärt, einen kurzen Vortrag zu halten, dabei wählte ich selbstverständlich das für mich naheliegendste: die Diskriminierung von Transfrauen. Das wesentliche aus meinem Vortrag:

Transphobe Aggression

In den Medien findet man gehäuft Berichte über rechte Akteure und radikale Feministinnen, die Transfrauen das Recht des Frau-sein absprechen. Besonders schlimm agiert die Zeitschrift Emma gegen die Grünen-Politikerin Tessa Ganserer, die nur aufgrund von Frauenquotenplätzen in den Bundestag eingezogen sei, aber keine Frau sei. Der Hintergrund dieser Diffamierungen ist unter anderem, dass sich Tessa Ganserer (so wie die regierende Ampel-Koalition) für eine neue gesetzliche Regelung einsetzt, wonach für die Änderung des Geschlechtseintrags eine Selbstauskunft ausreicht und somit die diskriminierenden Gutachten gemäß dem über 40 Jahre alten Transsexuellen-Gesetz (TSG) endlich entfallen.

Irrsinnige Argumente

Man kann sich nur wundern, wenn man die Argumente der sogenannten „genderkritischen Feministinnen" und TERF (trans exclusionary radical feminists) erfährt. Sie behaupten zum Beispiel, dass Transfrauen nur deshalb Frauentoiletten benutzen, um andere Frauen auszuspionieren oder gar um Frauen zu vergewaltigen. Eine weitere Argumentation gegen Transfrauen begründen sie mit den biologischen Unterschieden. Der Begriff „Frau" wird dabei als dem „gebärenden Geschlecht angehörig" definiert. Das bedeutet effektiv jedoch eine Diskriminierung aller Frauen, die aus welchem Grund auch immer kinderlos sind.

Anstelle sich für die Gleichberechtigung einzusetzen werden so weitere Diskriminierungen geschaffen, was letztendlich zum Festhalten an den alten patriarchalischen Strukturen führt. Eine moderne Definition des Begriffs „Frau" erfasst alle, die sich selber so definieren. Also das Recht auf Selbstbestimmung.

Keine selbstgewählte Diskriminierung

Eine Transfrau definiert sich nicht als Frau, um bewusst die sexuelle Diskriminierung einer Frau zu erfahren, wie zum Beispiel die schlechtere Bezahlung oder Aufstiegschance bei gleicher Qualifikation. Ganz zu schweigen ein Opfer von Misogynie, Frauenhass oder Transphobie zu werden. Eine Transfrau sucht einzig und alleine einen Ausweg aus ihrer Geschlechtsdysphorie.

Selbst ist die Frau – Schrauben am Fahrrad

April 2022: Ich hatte mich bereit erklärt in einer Selbsthilfewerkstatt im Rahmen der Reihe „Selbst ist die Frau" einen „Schrauberkurs für Frauen" zu halten. Also ein Seminar, in dem ich die Hauptrolle spielte.

Der Kurs wurde wie folgt angekündigt: „Claudia Redeker erklärt und zeigt bei diesem Workshop am praktischen Beispiel wie kleine Reparaturen und Einstellarbeiten am Fahrrad selbst durchgeführt werden können. Sei es der platte Reifen oder die Schaltung, die nicht mehr richtig schaltet. Und ganz wichtig: Auf was muss ich bei den Bremsen achten, damit das Rad verkehrstüchtig bleibt.„ Trotz des relativ schlechten Wetters kamen 13 Frauen mit dem Fahrrad. Sie bedankten sich anschließend bei mir herzlichst.

Frauen-Schrauberkurs

Gäste aus Frankreich

Juli 2022: Im Rahmen meiner „Bewährungsprobe" war ich 2019 mit dem Fahrrad zur Französischen Partnerstadt geradelt. Ich war begeistert von der Gastfreundschaft seitens der Französischen Gastgeber.

In diesem Jahr fand ein Gegenbesuch mit etwa 100 Personen aus Frankreich statt, für die Unterkünfte bereitgestellt werden mussten. Ich hätte wohl ein schlechtes Gewissen gehabt, wenn ich nicht dazu meine Gästezimmer zur bVerfügung gestellt hätte. Nach einigen Hin und Her ergab sich, dass ich zwei junge Frauen des Orchester aus der Partnerstadt bei mir aufnehmen sollte.

Der Tag der Anreise der Gäste rückte näher und ich wurde immer aufgeregter, weil ich so gut wie keine Französischen Sprachkenntnisse habe. Doch die Organisatorin des Treffens beruhigte mich, dass die meisten jungen Franzosen auch Englisch verstehen würden. So war es dann auch. Ich verstand mich mit Marie und Lucie bestens, auch weil sie keinerlei Berührungsängste mir gegenüber hatten. Wir hatten sogar viel Spaß.

So war fast eine Woche lang jeden Abend für mich Aktion angesagt. Dazu gehörte zum Beispiel der Besuch eines Jazz-Kellers, was ich niemals allein getan hätte. Am letzten Abend gab es ein großes Diner. Es war eine Gelegenheit mich in mein Dirndl zu zwingen. Nach dem Mehrgänge-Essen stieg die Stimmung im Saal. Doch der Abend sollte Folgen haben.

Meine Corona Infektion

Zwei Tage nach der Verabschiedung der Gäste aus Frankreich fühlte ich mich nicht gut. Zunächst dachte ich, dass ich mich bei der herrschenden Hitze bei der Gartenarbeit überanstrengt hatte, denn die Symptome waren wie bei einer Sommergrippe. Aber ein Test zeigte, dass ich mit Corona infiziert hatte. Meine letzte Impfung lag bereits über ein halbes Jahr zurück. Eine Freundin, die ebenfalls Gäste aus Frankreich aufgenommen und wie ich an den Feiern teilgenommen hatte, hatte sich genauso infiziert.

nur so war die Hitze erträglich

Ich fühlte mich nach einer Woche wieder ohne Symptome, aber der Test war noch immer positiv. Aufgrund der Hitze lag ich fast zwei Wochen lang mit Bikini im Schatten auf der Terrasse.

Wellness für Körper und Seele

2023: Mittlerweile lebe ich seit mehr als fünf Jahren in der Rolle als Frau. Von Anfang an bedeutete meine Transition Wellness für Körper und Seele.

Ich bin heute glücklich und ein offener Mensch, so dass ich dank meiner positiven Ausstrahlung meine Mitmenschen schnell für mich gewinne. Dies schützt mich ganz offensichtlich auch vor Diskriminierungen. Ich habe in meinem neuen Leben noch viel Nachholbedarf und bin nicht nur deswegen heute gerne unter Menschen. Meine Arbeit und die Kontakte mit anderen Menschen halten mich nicht nur jung, sondern ich erlebe auch viel Anerkennung.

Ich fühle mich wohl in meiner Haut, die Hormontherapie und die körperlichen Angleichungen sorgen für Glücksgefühle. Auch kann ich nicht leugnen, dass ich ein wenig stolz auf meine Diversität bin. Es gibt deswegen für mich keinen Grund mich verstecken zu müssen. Im Gegenteil, ich kann zum Beispiel dank meiner Offenheit das Schwimmen, Sauna und Massagen genießen. Zu Anfang hatte ich noch ein unsicheres Gefühl mich textilfrei zu zeigen, aber bald merkte ich, dass die uns anerzogene Angst vor dem nackt-sein völlig unbegründet ist, denn niemand hat einen perfekten Körper.

Ich werde akzeptiert wie ich bin sowie stets lieb und zuvorkommend behandelt, denn meine Mitmenschen müssen mir gegenüber keine Berührungsängste haben, was ich sicherlich meiner offen gelebten Diversität zur verdanken habe. All das ist somit auch Wellness für meine Seele.

Epilog

Liebe Leserinnen und Leser, meine Erzählungen enden hier, doch ich werde meinen Weg weitergehen. Meine Geschichte steht beispielhaft für unzählig viele Menschen, die sich auf der Suche nach ihrer Identität befinden. Viele von ihnen haben nicht das Glück in einer verständnisvollen Gesellschaft zu leben.

Gedenken wir der Opfer

Fast täglich wird irgendwo auf der Welt eine Trans*Person ein Opfer oftmals falsch verstandenen Glaubens.

Ich will sein, wer ich will

In der Heiligen Schrift steht geschrieben, dass (nur!) Gott Gesetzgeber und Richter ist [Jakobus]. Gottes Schöpfung ist vielfältiger, als es die menschliche Vorstellungskraft zulässt. Aus dieser Begrenztheit heraus wurden die Schubladen „Mann" und „Frau" geschaffen. Auch wenn ein Mensch nicht in diese zwei Schubladen passt ist er ein Teil der Schöpfung Gottes, weil die vorgeburtliche Entwicklung des menschlichen Lebens natürlich gegeben ist. Die Identität eines Menschen besteht aus viel mehr, als nur den bei der Geburt bestimmbaren äußeren Merkmalen, wie zum Beispiel aus den Genen und der Seele. Es ist auch keine Sünde, denn die Heilige Schrift beschreibt Sünde als „dem Willen Gottes entgegengesetzt". Auch die Suche nach der eigenen Identität steht im Einklang mit der Heiligen Schrift. Im Neuen Testament findet man: „Ich will sein, wer ich will" [Moses].

Was so viel bedeutet wie selbstbestimmt ...

Wissenswertes

Auf meinem Weg habe ich einiges an Wissen angesammelt, welches ich hier zusammenfasse. Vieles davon ist meine persönliche Meinung und erhebt keinen Anspruch auf Allgemeingültigkeit.

Namens- und Personenstandänderung

Die Namens- und Personenstandänderung nach dem Transsexuellen-Gesetz (TSG) aus den 80er Jahren ist nur über ein Amtsgericht möglich, wozu die „Transsexualität" von zwei Gutachtern bestätigt werden muss. Das Verfahren ist nicht nur aufwendig und teuer, sondern zieht sich unnötig lange hin.

Im Grunde genommen kann kein Gutachter wirklich feststellen, ob jemand transident oder nicht ist, denn nur die betroffene Person selbst weiß, wie sie sich im Innersten fühlt. Des Weiteren ist bekannt, dass Gutachter oftmals entwürdigende Fragen stellen, welche mit dem Thema Transidentität nichts gemein haben.

Die Begutachtungspflicht des TSG beruhte ursprünglich darauf, dass so ein gewisser Schutz vor übereilten Operationen zur Sterilisation erreicht werden sollte. Diese Operationen sind jedoch aufgrund ihrer Verfassungswidrigkeit seit 2011 nicht mehr gefordert. Auch andere medizinische Maßnahmen sind keine Voraussetzung mehr für den Personenstandwechsel. Auch sollten damals gleichgeschlechtliche Beziehungen nach einen Personenstandwechsel verhindert werden. Heute aber sind Benachteiligungen wegen der sexuellen Orientierung unzulässig. Es ist überfällig, dass das TSG durch moderne Gesetze[24] ersetzt wird, welche das Menschenrecht auf Selbstbestimmung gewährleisten.

---

24 Der Menschenrechtskommissar des Europarats, Thomas Hammarberg, kritisiert in seinem Themenpapier „Menschenrechte und Geschlechtsidentität" (2009) die lange Dauer der behördlichen Anerkennungsverfahren für den Geschlechtswechsel. In dieser Zeit seien viele Trans*Personen zu einem Doppelleben gezwungen, insbesondere wenn der Alltagstest den Geschlechtswechsel am Arbeitsplatz erfordere, ohne dass die betreffende Person über rechtliche Absicherung durch geänderte Dokumente verfüge.

Das neue Personenstandsgesetz von 2018

Aufgrund von Urteilen des Bundesverfassungsgerichts zum „Dritten Geschlecht" wurde Ende 2018 der Paragraph 45b des Personenstandsgesetzes eingeführt. Die Änderung des Vornamens und des rechtlichen Geschlechts ist danach mit einem einfachen Antrag an das Standesamt möglich. Dazu müssen die Antragsteller dem Standesamt lediglich eine ärztliche Bescheinigung vorlegen, dass bei ihnen eine „Variante der Geschlechtsentwicklung"[25] vorliegt. Ärzte müssen die Diagnose nicht begründen. Auch darf vom Standesamt keine Begründung der Diagnose verlangt werden. Aus dem Gesetzeswortlaut geht nicht hervor, was unter einer „Variante der Geschlechtsentwicklung" zu verstehen ist.

Das neue Personenstandsgesetz hatte Anfang 2019 zu erheblichen Diskussionen und Falschinformationen geführt, weil es im Vergleich zum TSG aus den 80er Jahren die Namens- und Personenstandänderung erheblich vereinfachte. In den Falschinformationen wurden Ärzten vor strafrechtlichen Folgen gewarnt, wenn sie derartige Bescheinigungen für Transsexuelle ausstellen.

In Rechtsgutachten wurde jedoch klargestellt, dass der neue Paragraph 45b des Personenstandsgesetzes eine zulässige Alternative zum TSG darstellt und Ärzte in ihrer Diagnose freigestellt sind. Ein wesentliches Kriterium dafür ist, dass das Geschlecht eines Menschen nicht alleine auf Grundlage körperlicher Merkmale bestimmbar ist.

Der Transgender Ergänzungsausweis

Trans*Personen haben das Problem, dass ihre Ausweisdokumente vor einer rechtlichen Namens- und Personenstandänderung nicht mit dem Erscheinungsbild übereinstimmen. Das kann zu belastenden, unangenehmen oder sogar erniedrigenden Situationen führen.

Abhilfe schafft der Ergänzungsausweis. Er unterstützt den rechtsgültigen Anspruch auf eine Anrede im erklärten Geschlecht mit dem selbstgewählten Vornamen. Er dient vor allem der Verhinderung der Diskriminierung durch staatliche Organe, wie zum Beispiel bei Polizeikontrollen.

---

25 Es muss genau der Wortlaut „Variante der Geschlechtsentwicklung" und nichts anderes attestiert werden. Andernfalls besteht das Risiko, dass der Antrag vom Standesamt abgelehnt wird.

Der Ergänzungsausweis wurde in Koordination mit dem Bundesinnenministerium konzipiert und wird von der dgti[26] herausgegeben. Er ist eine Ergänzung zum normalen Ausweis und besitzt deshalb die gleiche Ausweisnummer, verwendet das gleiche Ausweisformat und besitzt Merkmale zur Gewährleistung der Fälschungssicherheit. Der Ergänzungsausweis kann über ein Antragsformular auf der Website der dgti bestellt werden.

Gedanken zur Kleidung

Die ersten Gefühle einer Geschlechtsinkongruenz sind fast immer mit dem Wunsch des Tragens gegengeschlechtlicher Kleidung verbunden. Kleidung ist so etwas wie eine zweite Haut und ermöglicht eine einfache Angleichung an das Wunschgeschlecht. Die so erreichte Harmonie zwischen den seelischen Bedürfnissen und den Körpergefühlen schafft ein kurzfristiges Wohlgefühl. Viele Betroffene leben dies jedoch nur innerhalb der eigenen vier Wände aus. Sie schämen sich für diese Gefühle und befürchten in der Öffentlichkeit diskriminiert zu werden.

Transvestiten

Männer, die weibliche Kleidung tragen, werden historisch als „Transvestiten" bezeichnet (Vest = Kleidung). Ein übergeordneter Begriff für das Tragen gegengeschlechtlicher ist „Cross-Dressing", wobei es unerheblich ist, aus welchem Motiv dies erfolgt. Cross-Dresser haben häufig nicht den Wunsch nach einem dauerhaften Geschlechtswechsel.

Drag Queens

Eine extreme Erscheinung sind „Drag Queens", sie parodieren meistens im Rahmen von Travestie-Shows das gegengeschlechtliche Verhalten. Dann gibt es noch Personen, die gegengeschlechtliche Kleidung als Fetisch tragen. Wenn sie extrem gekleidet in der Öffentlichkeit sichtbar werden schaden sie der gesamten Transgender Community, denn viele Menschen „werfen alle Trans* in einen Topf" und sehen alte Vorurteile gegenüber Transgender als bestätigt an.

---

26   Deutsche Gesellschaft für Transidentität und Intersexualität e.V., www.dgti.org

Die Grenzen zwischen Transvestitismus und Transsexualität sind vielschichtig. Während „Drag Queens" auffallen wollen, möchten sich Mann-zu-Frau Transgender in der Öffentlichkeit unauffällig bewegen. Also mit einem akzeptablen Passing, so dass man sie als biologische Frauen ansieht. Dies schützt vor Diskriminierung und Transphobie.

Der wichtigste Tipp für Mann-zu-Frau Transgender lautet deshalb, sich betreffend der Kleiderwahl an biologischen Frauen im entsprechenden Alter zu orientieren.

Haare und Perücken

Haare sind ein wesentliches Merkmal für das akzeptable Passing in der Öffentlichkeit. Mann-zu-Frau Transgender sind deshalb fast immer auf Perücken angewiesen. Nach einer Entscheidung zur Transition mittels körperlicher Angleichungen kann es Jahre dauern, bis die natürlichen Haare für eine akzeptable Damenfrisur ausreichend sind. Bei älteren Transgendern kann der Haarausfall bereits soweit fortgeschritten sein, dass eine Perücke zwingend notwendig ist. Transgender können deshalb gegenüber der Krankenversicherung einen Anspruch auf Übernahme der Kosten für Perücken geltend machen, also sinngemäß wie für andere medizinische Maßnahmen.

Haarausfall

Jeder Mensch verliert täglich zwischen 70 und 100 Haare, was zum natürlichen Haarzyklus gehört. Wenn sich jedoch die Haare ausdünnen, die Stirn immer höher wird oder sich haarlose Stellen auf dem Kopf zeigen, dann kann es gesundheitliche Gründe haben oder Stress die Ursache sein. Bei stressbedingtem Haarausfall verursachen die für Stress typischen körpereigenen Stoffe (Stresshormone, wie Adrenalin und Cortisol) Entzündungsreaktionen an den Haarwurzeln, welche dann zum Haarausfall führen. Aber auch erhöhte Testosteron-Werte können zum Haarausfall[27] führen. Es sind nur wenige Mittel gegen Haarausfall wirksam, sie haben aber oft bedenkliche Nebenwirkungen, wie Potenzstörungen und die Abnahme der Libido, was ganz offensichtlich auf die enthaltenen Hormone zurückzuführen ist.

---

27 Dihydrotestosteron (DHT), ein Stoffwechselprodukt des Testosterons führt abhängig von der genetischen Veranlagung zum Haarausfall

Perückenpflege

Bei der Perückenpflege muss zwischen Kunsthaar- und Naturhaar-Perücken unterschieden werden. Eine Kunsthaar-Perücke darf niemals mit dem Föhn getrocknet oder mit dem Lockenstab bearbeitet werden. Beides ist jedoch ohne weiteres mit einer Echthaar-Perücke möglich.

Kunsthaar-Perücken

Kunsthaar-Perücken haben die Eigenschaft, dass sie zum Verfilzen neigen, was unter anderen dazu führt, dass beim Ausbürsten Haare ausgerissen werden. Es wird deshalb empfohlen, eine Kunsthaar-Perücke bei ständigem Gebrauch nach einem Jahr zu ersetzen. Für Kunsthaar-Perücken sind Perücken-Pflegesets verfügbar. Sie bestehen häufig aus einem Spezial-Shampoo und einem Balsam, in dem die Perücke nach dem Waschen als letztes gespült wird.

Im Internet fand ich den Tipp, eine verfilzte Kunsthaar-Perücke leicht mit Silikonöl einzusprühen. Was sich zunächst wie ein schlechter Witz liest, erwies sich jedoch als sehr effektiv. Silikonöl aus dem Baumarkt ist preiswert und unkritisch in der Anwendung. Es bewirkt, dass sich eine Kunsthaar-Perücke wieder leicht ausbürsten lässt. Die Perücke sieht danach auch fast wieder wie neu aus, unter anderem weil die Haare anschließend wieder glänzen.

Echthaar-Perücken

Echthaar-Perücken fühlen sich super an und sind langlebiger, aber bei guter Qualität sehr teuer. Ich konnte deshalb nicht widerstehen, mir bei einem chinesischen Versender eine Echthaar-Perücke zum Preis von etwa 200€ zu bestellen. Die Lieferung klappte erstaunlich gut. Die Verpackung war billig, doch die Haare waren wirklich echt und vom Gefühl her ein Traum. Aber die Verarbeitung der Perücke war dem Preis entsprechend minderwertig. Weil die Perücke so unbequem war, habe ich sie nur ganz selten getragen, so dass sich der Kauf nicht gelohnt hatte.

Barthaar-Epilation

Ein gutes Passing als Frau in der Öffentlichkeit ist nur möglich, wenn das Gesicht dem einer Frau entspricht. Die Kaschierung eines

Bartschattens durch kosmetische Maßnahmen wie Make-up, Hauttönungscremes, oder Theaterschminke (Camouflage) ist als dauerhafte Lösung kaum zumutbar. Barthaare müssen deswegen epiliert (entfernt) werden.

Eine Barthaar-Epilation kann mittels Laser (Photothermolyse) oder Nadelepilation (Elektroepilation) erfolgen. Mit dem Laser ist die Beseitigung des Bartschattens zunächst effektiver. Der Behandlungserfolg hängt jedoch vom Pigmentgehalt der Haare ab, weil der Laser nur bei dunklen Haarstrukturen wirkt. Deswegen muss die Laser-Behandlung häufig mit einer Nadelepilation ergänzt werden. Die Nadelepilation ist bei allen Haaren wirksam, jedoch extrem aufwendig, schmerzhaft und zieht sich über sehr viele Behandlungen hin, weil jedes Barthaar einzeln behandelt werden muss. Bei unsachgemäßer Anwendung können Narben verbleiben.

Der Langzeiterfolg einer Epilation ist nicht gewährleistet, weil das Haarwachstum meist nur für einige Monate lang unterbrochen wird. Der Grund dafür ist, dass Haarfollikel einen regelmäßigen Zyklus durchlaufen. Sie degenerieren und regenerieren sich anschließend wieder neu aus den Stammzellen.

Transfrauen erleben bei dem Versuch sich einer Barthaar-Epilation zu unterziehen häufig eine strukturelle Diskriminierung. Das heißt, der Zugang zur medizinisch notwendigen Behandlung ist erheblich erschwert, oder sogar fast unmöglich. Krankenversicherungen übernehmen die Kosten einer Epilation nur dann, wenn die Behandlung durch Fachärzte erfolgt. Es gibt aber nur sehr wenige Hautärzte, die diese Leistung anbieten.

Hormonersatztherapie

Eine Hormonersatztherapie (HET) ist zweifellos die wirkungsvollste geschlechtsangleichende Maßnahme. Der Körper verändert sich langsam aber stetig immer mehr hin zu den Merkmalen des Wunschgeschlechts. Dabei sind jedoch keine Wunder zu erwarten, denn die Wirkung der Hormone ist abhängig von der jeweiligen Veranlagung und dem Lebensalter. Bei einer Mann-zu-Frau Transsexualität kann vieles, was das männliche Hormon Testosteron während der Pubertät bewirkt hat, wie zum Beispiel der männliche Körperbau und Bartwuchs, nicht mehr rückgängig gemacht werden.

Hormone steuern alle Funktionen des Körpers. In dem Zusammenhang geschlechtsangleichender Maßnahmen sind nur die Sexualhormone von Interesse. Dies sind das männliche Hormon Testosteron sowie das weibliche Hormon Östradiol und Gestagene. Beide Hormone unterscheiden sich nur geringfügig und können an vielen Stellen im Körper die gleichen Aufgaben übernehmen.

Der Hormonregelkreis

Man muss sich die Menge der im Körper wirksamen Sexualhormone wie in einem Regelkreis vorstellen. Die natürlichen Sexualhormone werden von den Gonaden (Hoden, oder Eierstöcke) in den Blutkreislauf ausgeschüttet, dabei wird deren Menge von der Hypophyse (Hirnanhangdrüse) und dem Hypothalamus überwacht. Es wird jedoch nicht unterschieden, ob es sich um männliche oder weibliche Sexualhormone handelt. Die Hypophyse schüttet als Ergebnis dieser Überwachung die Hormone LH und FSH aus, welche wiederum die Aktivitäten der Gonaden steuern.

Wenn gegengeschlechtliche Hormone zugeführt werden, dann reduziert die Hypophyse die Aktivität der Gonaden. Bei einer MzF Transsexualität bedeutet dies, dass bei Zuführung des weiblichen Hormons Östradiol die Hoden weniger Testosteron ausschütten. Damit erklärt sich der Begriff „Hormonersatztherapie". Häufig wird zusätzlich auch ein synthetisches Gestagen angewendet, welches zum Beispiel unter dem Handelsnamen „Androcur" bekannt ist. Dieses Gestagen greift in den Regelkreis der Hirnanhangsdrüse ein, indem es die Wirkung des Hormons LH unterdrückt und so bei Mann-zu-Frau Transgendern die Bildung von Testosteron unterdrückt. Weil „Androcur" nur in Tablettenform verfügbar ist, belastet es die Leber. Wesentlich ist jedoch dabei die Höhe der Dosierung.

Viel bewirkt nicht viel

Der Körper benötigt Zeit für die Umstellung. Mit einer hohen Dosierung weiblicher Hormone wird die Feminisierung keinesfalls beschleunigt, was auch bedeutet, dass so kein stärkeres Brustwachstum erreicht wird. Die Brustgröße hängt vor allem von der Veranlagung ab. Eine höhere Dosierung ist wirkungslos, weil der Körper das zugeführte Östrogen nicht verwerten kann. Es steigt jedoch das Risiko von Nebenwirkungen wie Leberschädigungen.

Lebenslang

Die Entscheidung für eine Hormonersatztherapie gilt lebenslang, das bedeutet, sie muss lebenslang fortgesetzt werden. Wenn zum Beispiel die Hoden als Folge einer GaOP entfernt wurden, dann ist der Körper zwangsläufig auf extern zugeführte Sexualhormone angewiesen. Andernfalls drohen gesundheitliche Schäden wie die Osteoporose. Im anderen Fall, das heißt wenn keine GaOP erfolgte, wird es davon abhängen, wie lange die HET auf den Körper wirkte. Einige Auswirkungen werden nicht mehr umkehrbar sein.

Effekte einer Hormonersatztherapie

Nachfolgend eine Auflistung der typischen Effekte einer Mann-zu-Frau Hormonersatztherapie:

- Die ersten Effekte machen sich nach etwa 6 bis 8 Wochen durch die Abnahme der Libido und das Schrumpfen der Hoden bemerkbar. Erektionen treten deshalb kaum noch auf.
- Das Brustwachstum (Gynäkomastie) ist nach 4 bis 6 Wochen in Schüben spürbar und nach etwa zwei Jahren so gut wie abgeschlossen. Zunächst vergrößern sich die Brustwarzen, später nimmt das Drüsengewebe zu. Die Empfindlichkeit der Brustwarzen steigert sich häufig schmerzhaft (Mastodynie).
- Nach 2 bis 3 Monaten lässt sich eine Zunahme der sich unter der Haut befindlichen Fettdepots feststellen. Die Fettverteilung des Körpers verlagert sich vom Bereich des Bauches zu den Oberschenkeln.
- Die Haut wird weicher, die Hautbeschaffenheit ändert sich durch die verminderte Aktivität der androgen-sensitiven Talgdrüsen.
- Die Körperbehaarung wird dünner.
- Eine androgenetische Alopezie (Haarausfall) kann sich zurückbilden, was aber nicht immer gewährleistet ist.
- Der Barthaarwuchs verlangsamt sich, aber die Barthaare verbleiben, so dass eine Epilation erforderlich sein kann.

Mögliche Nebenwirkungen einer HET

- Psychische Veränderungen wie Antriebslosigkeit oder Müdigkeit, Depressionen sowie geminderte Aggressivität.
- Kraftverlust, aufgrund des Abbaus der Muskelmasse.
- Gewichtszunahme, weil Gestagene den Appetit steigern.
- Potenzielle Nierenschäden, Leberkrebs und ein erhöhtes Thrombose-Risiko. Es sind deswegen regelmäßige Untersuchungen notwendig!

Risiken der Hormontherapie

Hormonpräparate, wie Östradiol können in Form von Tabletten, Cremes oder Pflaster angewendet werden. Studien, in welchen die Daten von fast einer halben Million Frauen[28] ausgewertet wurden haben gezeigt, dass Cremes oder Pflaster (transdermal) das Risiko eine Thrombose (Gefäßverschluss durch ein Blutgerinnsel) zu entwickeln im Vergleich zu Tabletten erheblich reduzieren. Bei Tabletten gelangt das Hormonpräparat durch den Verdauungstrakt in die Leber. Dabei wird jedoch ein großer Teil des Östrogens bereits in der Leber in Substanzen umgesetzt, die das Thromboserisiko erhöhen.

Durch die Einnahme von Östrogen kann die Blutgerinnung verkürzt werden und somit das Herzinfarktrisiko erhöhen. Davon sind besonders Risikogruppen mit Übergewicht, Diabetes, starkem Rauchen und Bluthochdruck betroffen. Nicht nur deswegen sollte eine regelmäßige ärztliche Untersuchung erfolgen.

Gefährliche Alternativen

Der erschwerte Zugang zu einer Hormonbehandlung verleitet Betroffene gelegentlich dazu, dass sie sich Hormonpräparate ohne ärztliche Betreuung beschaffen, was zu schwerwiegenden gesundheitlichen Konsequenzen führen kann. Synthetische Hormone wie zum Beispiel Ethinlyestradiol führen zwar zu einer schnelleren Verweiblichung, können aber zu Leberkrebs führen und sind deshalb in Deutschland nicht zugelassen.

---

28 Die üblichen bei einer Mann-zu-Frau HET verwendeten Hormonpräparate sind identisch zu denen, welche biologische Frauen zur Behandlung von Wechseljahresbeschwerden anwenden.

Es werden pflanzliche Phytoestrogene zur nicht verschreibungspflichtigen Hormontherapie angeboten. Sie sind relativ teuer, haben nicht die erwartete Wirkung und blockieren sogar die stets im Körper vorhandenen Östrogene.

Weibliche Brüste

Weibliche Brüste sind ein spezielles Merkmal des menschlichen Sexualdimorphismus[29] und deshalb für Transgender essenziell für das Passing. Die Anatomie der männlichen und weiblichen Brust (lat. Mamma) unterscheidet sich im Wesentlichen dadurch, dass sich aufgrund weiblicher Hormone Brustdrüsen (Glandula mammaria) und Fettgewebe bilden.

Brustprothesen

Transgender, die nur zeitweise als Frau leben, können mit Hilfe von Brustprothesen ein zufriedenstellendes Passing erreichen.

Einfache Brustprothesen können ein BH sein, welcher mit irgendwelchen Hilfsmitteln ausgestopft wird. Damit wird jedoch kein zufriedenstellendes Gefühl weiblicher Brüste erreicht. Früher oder später steigt das Bedürfnis nach perfekteren Brustprothesen.

Fetisch oder medizinisch?

Spezielle Shops bieten eine Unmenge an Silikon-Brustprothesen in allen Größen und Preislagen an. Viele davon lassen den Eindruck aufkommen, als seien es Bedarfsartikel für Fetischisten. Wahre Transgender wünschen sich dagegen Prothesen, deren Form und Größe nicht nur natürlicher Brüste entsprechen, sondern sich auch möglichst natürlich anfühlen.

Diesem Wunsch entsprechen am besten medizinische Brustprothesen, die fast nur über den Sanitätsfachhandel beschaffbar sind. Derartige Prothesen werden für Frauen hergestellt, denen die Brüste entfernt wurden. Aber auch Transgender, die zum Beispiel während ihrer Alltagserprobung den gesamten Tag in der Rolle als Frau leben, benötigen Brustprothesen mit angenehmen Trageeigenschaften.

---

29 Geschlechtsdimorphismus (= Zweigestaltigkeit) bezeichnet die Unterschiede im Erscheinungsbild des männlichen und weiblichen Körpers. Neben dem Stillen haben weibliche Brüste eine zusätzliche Funktion, indem sie die Attraktivität für Sexualpartner erhöhen. Brustwarzen zählen zu den erogenen Zonen.

Besonders unangenehm ist die Schweißbildung unter den Prothesen, was zu Hautirritationen führen kann. Brustprothesen können deshalb beim längeren Tragen eine Qual sein. Mit Brustprothesen ist des Weiteren auch kein natürlich erscheinendes Dekolleté möglich, denn es wird immer ein Übergang von der Prothese zur Haut sichtbar sein.

Brustvergrößerung mit Implantaten

Als Folge einer MzF Hormonersatztherapie bilden sich weibliche Brüste. Falls sich dabei keine ausreichend großen Brüste gebildet haben, kann mit den Mitteln der Plastischen Chirurgie nachgeholfen werden. Bei einer Operation zur Brustvergrößerung (Mamma Augmentation) werden in den meisten Fällen aus Silikon gefertigte Implantate eingesetzt.

Implantate sollen nicht als solche erkennbar sein. Dies wäre zum Beispiel der Fall, wenn die Brüste und Brustwarzen zu weit auseinander stehen, nicht nach vorne zeigen oder Übergänge sichtbar sind, so dass die Brüste wie aufgesetzt und somit unnatürlich erscheinen. Größe, Form und der Einsatz der Implantate müssen den anatomischen Gegebenheiten angepasst sein, welche bei der männlichen und weiblichen Brust unterschiedlich sind. Für das optimale Ergebnis einer Brustvergrößerung ist deshalb eine kompetente Beratung durch erfahrene Chirurgen unverzichtbar.

Größe und Form

Implantate sind nicht nur in verschiedenen Größen, sondern auch in runder, anatomischer (Tropfenform) oder ergonomischer Form (ändert sich beim Liegen) verfügbar. Sie haben entweder eine glattwandige oder eine texturierte Oberfläche. Letztere sollen zu einem geringeren Risiko einer Kapselfibrose (siehe Risiko) führen.

Die Füllung

Implantate können mit Silikongel oder Kochsalzlösung gefüllt sein. Heute wird jedoch überwiegend Silikongel verwendet. Sterile Kochsalzlösung ist für den Körper ungefährlich, aber damit gefüllte Implantate haben eine weniger stabile Form, können im Laufe der Zeit ihren Inhalt verlieren und gluckern.

Vor einigen Jahren gab es einen Skandal, weil auf Grund krimineller Machenschaften Implantate nicht mit klinisch reinem, sondern mit billigem Industrie-Silikonöl gefüllt waren. Die heute verwendeten Implantate sind europaweit in der höchsten Risikoklasse für Medizinprodukte eingestuft. Sie können nicht auslaufen, weil die Siliziummoleküle dreidimensional miteinander verbunden sind. Dieses Gel kann nicht aus der Silikonhülle austreten, auch nicht im unwahrscheinlichen Fall einer undichten Implantat-Hülle.

Die Operation

Das Einführen der Implantate erfolgt meistens durch die Unterbrustfalte (Submammär), wobei die etwa 3 bis 4 cm langen Narben kaum sichtbar sind. Die Nähte werden meistens resorbierbar ausgeführt, so dass keine Fäden entfernt werden müssen. Während der Operationen wird zunächst eine Tasche für das Implantat geschaffen. In Videos schaut das relativ brutal aus, deswegen ist es auch gut, dass eine derartige Operation unter Vollnarkose und Lokalanästhesie durchgeführt wird.

Über oder unter den Brustmuskel

Implantate können subglandulär, das heißt unter dem Brustgewebe (Glandula) und über den Brustmuskeln, oder submuskulär (unter den Brustmuskeln) und dem Bindegewebe eingesetzt werden. Die subglanduläre Positionierung ermöglicht einen kürzeren Abstand zwischen beiden Brüsten und somit ein markanteres Dekolleté. Die submuskuläre Positionierung ermöglicht dagegen natürlicher aussehende Brüste, weil die Übergänge von den Brustmuskeln abgedeckt werden und deswegen nicht auffallen.

Nach der Operation

Nach der Operation muss bis zu sechs Wochen lang ein spezieller BH getragen werden um sicherzustellen, dass die Implantate nicht verrutschen und sich optimal mit dem Körpergewebe verbinden. Des Weiteren dürfen in dieser Zeit keine schweren Gegenstände gehoben werden und keine Sportarten ausgeführt werden, welche die Brustmuskeln belasten.

Das Risiko

Weil es sich um einen Eingriff in den Körper handelt, besteht bei einer Brustvergrößerung ein Risiko, wie auch bei jeder anderen Operation.

Ein Implantat stellt für den Körper ein Fremdkörper dar. Gegen alles, was der Körper nicht abbauen kann, schützt er sich mit einer Bindegewebehülle, was als Kapselbildung bezeichnet wird. Diese natürliche Hülle ist normalerweise zart und weich. In seltenen Fällen kann sie sich verhärten und zusammenziehen (Kapselfibrose), was zu einer Veränderung der Form der Brustimplantate und zu Schmerzen führen kann. Die Implantate müssen dann entfernt werden.

Die Aussage, dass Implantate nach 10 Jahren ausgetauscht werden müssen, beruht noch auf einer viel höheren Inzidenzrate der Kapselfibrose in der Vergangenheit. Heute bieten Implantat-Hersteller eine lebenslange Garantie. Auch konnte bisher kein Zusammenhang zwischen Implantaten und Brustkrebs nachgewiesen werden.

Glossar

Die folgenden Begriffsdefinitionen sind im Kontext dieses Buches zu verstehen und erheben keinen Anspruch auf Allgemeingültigkeit.

Begriff	Erklärung
Alltagstest, Alltagserprobung	Leben im gewünschten Geschlecht (gemäß den derzeitig geltenden Standards eine Voraussetzung für medizinische Geschlechtsangleichungen)
Alopezie	Haarausfall
anabol	körperaufbauend
Anamnese	Befragung des Patienten
Androgyn	männliche und weibliche Merkmale vereinigend, auch Begriff für Menschen, die sich als nicht geschlechtlich zugeordnet darstellen
Antiandrogene	Medikamente wie z.B. Cyproteronacetat, Spironolacton oder Flutamid, sie haben einen synergistischen Effekt mit Östrogenen, erniedrigen den Testosteronspiegel oder blockieren seine Rezeptoren, was zur Reduzierung der sekundären männlichen Merkmale führt
Autogynäkophilie	„die eigene Weiblichkeit lieben", Mann-zu-Frau Transgender verlieben sich oft in ihre eigene Weiblichkeit, welche sie versuchen immer weiter anzugleichen
Chromosomen	genetische Veranlagung
Cis	als Gegensatz zu „Trans", bezeichnet die Geschlechtlichkeit von Menschen, die im ihren bei der Geburt zugewiesenen Geschlecht leben und sich mit diesem identifizieren

Begriff	Erklärung
Coming-out	Der englische Begriff steht für „herauskommen" und bezeichnet den Prozess, wenn sich eine Person zu ihrer sexuellen oder Geschlechtsidentität bekennt, wenn dies vorher nicht bekannt war
Cross-Dressing	Das Tragen der Kleidung des gegenläufigen Geschlechts, unerheblich aus welchem Motiv
Cyproteron (Handelsname „Androcur")	synthetisches Gestagen, dass bei Männern die Bildung von Testosteron, bei Frauen die Bildung von Östrogen unterdrückt, es belastet die Leber
Dihydrotes-tos-teron (DHT)	Stoffwechselprodukt des Testosterons, das in Abhängig von der genetischen Veranlagung zum Haarausfall führt
Drag Queen / Drag King	Personen, die gegengeschlechtliches Verhalten parodieren
Endokrinologie	Lehre von der Morphologie und Funktion der Drüsen mit innerer Sekretion (direkt ins Blut abgeben) und der Hormone
en femme	Französisch, steht für sich „als Frau" zeigen
Epilation	Haarentfernung
Epithese	Griechisch, das Aufgesetzte, dient dem Ausgleich fehlender Körperteile mit körperfremdem Material
Estradiol	weibliches Sexualhormon
Futanari	japanisch für Hermaphroditismus (intersexuell), der Begriff wird im pornographischen Genre von Comics und Animationen verwendet
GaOP	geschlechtsangleichende Operation
Geschlechtsdi-morphismus	Zweigestaltigkeit, Unterschiede im Erscheinungsbild des männlichen und weiblichen Körpers

Begriff	Erklärung
Geschlechts-dysphorie	beschreibt den Leidensdruck Betroffener, wenn diese unter einer fehlenden Übereinstimmung der körperlichen Geschlechtsmerkmale mit dem Geschlechtsidentitätserleben leiden
Geschlechts-identität	das Zugehörigkeitsempfinden zu einem Geschlecht, es kann männlich, weiblich, beides, keins von beidem, zwischengeschlechtlich, inter, oder divers sein
Geschlechtsin-kongruenz	wenn das Geschlechtsidentitätserleben nicht mit den Geschlechtsmerkmalen des Körpers übereinstimmt
Gestagene	weibliche Sexualhormone, auch als Progesteron (Gelbkörperhormon) oder Schwangerschaftshormone bekannt
Hormone	Botenstoffe in der Blutbahn, Beispiele für Sexualhormone sind: TSH, LH, FSH, Estradiol, Testosteron, Prolaktin, SHBG, DHEAS, Progesteron
Hormonersatz-therapie (HET)	gegengeschlechtliche Hormontherapie, für eine möglichst weitgehende Suppression der unerwünschten sekundären Geschlechtsmerkmale des biologischen Geschlechtes und eine Ausbildung der Geschlechtsmerkmale des gewünschten, „psychischen" Geschlechtes
Hypophyse	Hirnanhangsdrüse, misst die Konzentration an Sexualhormonen im Körper, unterscheidet dabei nicht zwischen Testosteron und Östrogen
Intersexuell	Personen, die mit körperlichen Merkmalen geboren wurden, die medizinisch als geschlechtlich uneindeutig gelten (sie werden auch als Zwitter oder Hermaphroditen bezeichnet)

Begriff	Erklärung
Karyogramm	humangenetische zytogenetische Untersuchung (mikroskopische Analyse) der Chromosomen und deren bildliche Darstellung
Kontra-indikation	eine Behandlung verbietet sich oder ist nur unter Abwägung von Risiken anwendbar, obwohl sie angemessen (angezeigt) sein kann
LH	Luteinisierendes (gelbfärbendes) Hormon, steuert die Produktion der Geschlechtshormone
LSBT / LGBT	Abkürzung für lesbisch-schwul-bisexuell-transgender (entspricht dem englischen lesbian-gay-bisexual-transgender)
Mamma`	(lat.) weibliche Brust
Mamma Augmentation	Brustvergrößerung
Mastodynie	Spannungsgefühl oder Schmerzen der Mammae (Milchdrüsen)
MzF	Mann-zu-Frau
Off-Label-Use	Verwendungen von Medikamenten für Behandlungen entgegen ihrer Zulassung
Osteoporose	Knochenschwund, kann durch unzureichende Geschlechtshormone verursacht werden
Östrogen	Hormon welches u.a. das Wachstum der weiblichen Brust fördert und anabol auf das Knochenwachstum und den Fettstoffwechsel wirkt, relevant ist Östradiol
Outing	wird im Kontext von Trans* für „Coming-out" verwendet, der Begriff umschrieb ursprünglich das erzwungene Coming-out öffentlicher Personen sich in der Öffentlichkeit zu ihrer Homosexualität zu bekennen

Begriff	Erklärung
Passing	eine Person wird von anderen als Angehörige des gelebten Geschlechts erkannt und behandelt
Pathologie	erkennen von Ursachen, der Entstehung und dem Verlauf von Krankheiten sowie krankheitsbedingten Organveränderungen und Funktionsstörungen
Personenstand-änderung	Änderung des Eintrags im Geburtenregister des Standesamts
Post-OP	Englisch, steht für „nach der geschlechtsangleichenden Operation"
Posttransition	Englisch, steht für „vollständig in der gewünschten Geschlechtsrolle leben"
Prolaktin	Hormon der Hirnanhangsdrüse, sorgt neben anderen Hormonen für die Milchproduktion in der Brustdrüse
Psychotherapie	die derzeitig geltenden Standards verlangen vor Beginn geschlechtsangleichender Maßnahmen eine Psychotherapie - bei einer Geschlechtsinkongruenz handelt es sich jedoch um keine psychische Störung, die mit einer Psychotherapie geheilt werden könnte
Queer	Praktiken und gesellschaftliche Positionen, die zweigeschlechtliche und heterosexuelle Normen infrage stellen
Seele	Gesamtheit aller Gefühlsregungen und geistigen Vorgänge, gleichbedeutend mit Psyche
Sexuelle Identität	das subjektive Erleben einer Person als hetero-, bi-, homo-, pan- oder asexuell (jedoch nicht transsexuell)
Shemale, Ladyboy	Transsexuelle ohne GaOP, die Begriffe werden im pornographischen Genre verwendet

Begriff	Erklärung
somato …	körper …
Suppression	Unterdrückung
Testosteron	das dominante Hormon genetisch männlicher Personen, es wirkt stark anabol
trans	jenseits, woandershin
Trans*	Oberbegriff für Identitäten und Lebensweisen
Transfrau	transsexuelle Frau, Person mit einer weiblichen Geschlechtsidentität und der körperlichen Geschlechtsentwicklung eines Mannes
transdermal	über die Haut
Transe	abwertender Begriff
Transgender	Englisch für Transgeschlechtlich, Oberbegriff für alle Varianten von Geschlechtsinkongruenz, steht auch für Trans*Personen, die keine oder nur wenige medizinischen Maßnahmen wünschen
Transidentität	wenn das Geschlechtsidentitätserleben nicht mit der bei der Geburt zugewiesenen Geschlechtsrolle übereinstimmt
Transition	Prozess der körperlichen, psychischen und sozialen Anpassung an die empfundene Geschlechtsidentität
Transphobie	Verachtung von Menschen, die nicht den Geschlechtserwartungen der Gesellschaft entsprechen
Transsexualität	wenn die geschlechtsspezifischen Merkmale des Körpers nicht mit dem Erleben der eigenen Geschlechtszugehörigkeit übereinstimmen. „Sex" bezieht sich auf den englischen Ausdruck für Geschlecht. Der Begriff gilt als veraltet und wird von vielen Trans*Personen abgelehnt.

Begriff	Erklärung
Transvestit	Person, die gegengeschlechtliche Kleidung trägt, um die zeitweilige Zugehörigkeit zum anderen Geschlecht zu erleben, ohne den Wunsch nach einem dauerhaften Geschlechtswechsel. Der Begriff wird ausschließlich für Männer, die weibliche Kleidung tragen verwendet. Umgekehrt, d.h. wenn Frauen männliche Kleidung tragen wird es von den gesellschaftlichen Normen akzeptiert.
TSG	Transsexuellen-Gesetz
Tunte	Begriff für Personen, die Weiblichkeiten darstellen und parodieren, wird häufig auch als verachtender Ausdruck gegenüber MzF Transgender verwendet.